MARTINA RODIG

Rote Haare – Sommersprossen

Kindheit und Jugend zwischen 1950 und 1971 in der DDR

novum ▟ pro

Dieses Buch ist auch als
e-book
erhältlich.

www.novumpro.com

© 2011 novum publishing gmbh

ISBN 978-3-99003-839-0
Lektorat: Dipl.-Theol. Christiane Lober
Umschlagfoto:
Roman Podvysotskiy | Dreamstime.com
Autorenfoto: Sachsenfoto Frank Füssel
Umschlaggestaltung, Layout & Satz:
novum publishing gmbh
Innenabbildungen:
siehe Bildquellennachweis S. 161

Die von der Autorin zur Verfügung
gestellten Abbildungen wurden in der
bestmöglichen Qualität gedruckt.

Gedruckt in der Europäischen Union
auf umweltfreundlichem, chlor- und
säurefrei gebleichtem Papier.

www.novumpro.com

Bibliografische Information
der Deutschen Nationalbibliothek:

Die Deutsche Nationalbibliothek
verzeichnet diese Publikation in der
Deutschen Nationalbibliografie.
Detaillierte bibliografische Daten sind
im Internet über
http://www.d-nb.de abrufbar.

AUSTRIA · GERMANY · HUNGARY · SPAIN · SWITZERLAND

Für meine Kinder
und Enkelkinder

Inhaltsverzeichnis

Der Ort meiner Kindheit

Ich verlebte meine Kindheit in Seifhennersdorf. Der lang ge-
zogene Ort war damals noch ein richtiges Dorf. Das Stadtrecht
wurde ihm erst viel später verliehen. Seifhennersdorf liegt im
äußersten Ostzipfel der Oberlausitz und ist erst seit 1945 von
drei Seiten von der tschechischen Grenze umrahmt, hat wunderschöne Umgebindehäuser, den großen Neugersdorfer Wald
und das zauberhafte Naturbad Silberteich zu bieten.

Umgebindehaus

Mitten durch den Ort schlängelt sich das Flüsschen Mandau.
Die Mandau diente jahrhundertelang den Webern und Färbern
als Wasserquelle. An der Farbe des Wassers konnte man zu meiner Kinderzeit ablesen, ob in den Bunt- und Samtwebereien
gefärbt wurde – und wenn, welche Farbe gerade entstand. Das
war keinesfalls umweltfreundlich, aber interessant für uns Kinder. Wir wuchsen mit der Webschule, den Webereien, Spin-
nereien, Färbereien, der „Henking" (ein Textilbetrieb in der

8

Mitte des Ortes) und der Heimarbeit vieler Mütter auf. Alles drehte sich schon seit ewigen Zeiten um die Textilindustrie, die in der Oberlausitz eine jahrhundertelange Tradition hat.

Ich kam am 08.06.1950 zur Welt und verlebte die ersten 10½ Jahre, die schönsten meiner Kindheit, dort. Pfarrer Jäckel, der mich später auch konfirmierte, taufte mich auf den Namen Martina. Opa hieß Martin, und ich war sein erstes Enkelkind. Also wurde einfach ein „a" angehängt, und ich hatte meinen Namen. An die allererste Lebenszeit kann ich mich selbstver-

Blick auf Seifhennersdorf, Hintergrund: Burgsberg.
Ganz hinten: Zittauer Gebirge und Lausche (höchster Berg).

ständlich nicht erinnern. Nur aus oft gehörten Erzählungen meiner Oma und Mutti weiß ich, dass der Juni 1950 beinahe auch mein Todesmonat geworden wäre: Mutti hatte Reste, die ich beim Stillen nicht ausgetrunken hatte, wie in einem Kochtopf aufbewahrt, nicht abgepumpt und wohl in ihrer jugendlichen Unerfahrenheit geglaubt, so sei gleich Reserve für die nächste Still-Mahlzeit da. Aber weit gefehlt: Dadurch wurde keine Neubildung der Milch angeregt und plötzlich war gar keine Milch mehr da, ich schrie Tag und Nacht, schlief nie und vertrug die Kuhmilch-Schleim-Mischung absolut nicht. Ich schrie, schrie, schrie und nahm immer mehr ab. Bei meiner Geburt hatte ich ohnehin nur 2500 g gewogen. Die hinzugezogene Hebamme verordnete mir schwarzen Tee und erzählte Mutti was von „Darmfrasel". Keiner, weder Eltern noch Großeltern, hatte je diesen Begriff gehört, stammten sie doch beide nicht aus dieser Gegend und konnten mit manchen Bezeichnungen in der Oberlausitzer Mundart einfach nichts anfangen. Nach einigen Schreitagen gab man die Hoffnung auf.

Vater rief von seiner Schule aus, in der er als Schulleiter arbeitete, meine Großeltern an: „Wenn ihr sie noch mal sehen wollt, müsst ihr sofort kommen. Die nächste Nacht wird sie kaum überstehen." Opa besaß in Bischofswerda ein Stoffgeschäft und dadurch auch ein Telefon. Er konnte also den Anruf erhalten und musste nicht erst brieflich benachrichtigt werden. Das hätte zu lange gedauert. Opa schloss also sein Geschäft, und die Großeltern kamen, so schnell sie konnten, um von mir Abschied zu nehmen. Mein Opa war sehr energisch. Er wollte unbedingt alles, aber auch wirklich alles versuchen, um mir zu helfen. In Seifhennersdorf angekommen, nahm er ein sündhaft teures Taxi, und ab ging die Fahrt übers Land nach Zittau in die Kinderklinik.

Dort wurde ich kurz in Augenschein genommen und als hoffnungsloser Fall wieder meinen Eltern und Großeltern übergeben. Sehr feinfühlig waren die Ärzte damals nicht, hatten sie doch als Frontärzte schockierende Dinge erleben müssen und sicher auch viele Kinder sterben sehen. Da soll der Taxifahrer plötzlich den rettenden Einfall gehabt haben: Er meinte, er kenne noch einen sehr alten Kinderarzt, der eigentlich nicht mehr praktiziere, aber man könne angesichts der Lage der Dinge doch mal dorthin fahren … Also startete man erneut mit Hoffnung auf Hilfe und mir im Arm. Der Arzt war auch zu Hause, sah mich genau an, untersuchte mich und sagte Folgendes: „Dem Kind fehlt nichts. Die Kleine ist bloß fast verhungert. Geben Sie ihr halbstündlich zehngrammweise dieses Pulver!" Damit übergab er meinen Eltern eine Substanz, die mein Leben retten sollte. Was es war und wie mein Lebensretter hieß, habe ich leider nie erfahren. Schade! Ich wurde nun also nach Vorschrift gefüttert, und als nach einem Tag feststand, dass ich diese Substanz bei mir behielt und ruhiger wurde, versuchte Opa den Rat des Arztes in die Tat umzusetzen. Der hatte geraten: „Versuchen Sie auf dem Schwarzmarkt oder anderwärts ‚Alete' zu bekommen. Nur so wird Ihre Enkeltochter überleben." Opa telegrafierte meinem Patenonkel Theo Rittmeier, der in Hildesheim wohnte und dort Zahnarzt war, und bat ihn um das Gewünschte. Onkel Theo sandte noch in derselben Stunde das Überlebenspaket für mich ab.

Es kam wie durch ein Wunder auch pünktlich in Seifhennersdorf an, und ich wurde so zum sicherlich ersten „Alete"-Baby des Dorfes. Nun wuchs und gedieh ich bestens, und zwei Jahre später bekam auch mein jüngerer Bruder „Alete".

Das Pflichtfoto zum 1. Geburtstag.

Die ersten Lebensjahre

Die ersten Lebensjahre sind nur bruchstückhaft in meiner Erinnerung vorhanden. In unserer ersten Wohnung hatten die Räume sagenhaft hohe Wände; wie ich später erfuhr, sollen sie 4,10 m hoch gewesen sein. Entsprechend kalt war es immer und Vater ständig auf der Suche nach Verheizbarem. Ich erinnere mich noch, dass er und ein anderer Mann sich auf der Straße um einige Rohbraunkohlestücke prügelten, die ein Kohle-Lieferauto verloren hatte. Auch gekocht wurde ja noch auf einem Küchenherd, der angeheizt werden musste. Die Wohnung befand sich in einer alten Fabrikanten-Villa, die über und über mit Umsiedler-Familien belegt war.

Besonders gern habe ich mit den Hühnern, Enten und Gänse-Küken gespielt. Manchmal durften auch Kaninchen-Babys unter Aufsicht der älteren Kinder über die Wiese hoppeln. Die Familien hielten die Tiere, um zum großen Teil Selbstversorger sein zu können.

Nachbarskinder

Spiel mit den Kaninchen.

Gern spielte ich mit der blonden Gretel. Woher ihre Familie kam, weiß ich allerdings nicht. Eines Morgens waren alle Kinder und Eltern dieser großen Familie weg, sicherlich „abgehauen", wie die Erwachsenen sagten. Zu den Nachbarn gehörte auch die alte Frau Huschke. Sie kochte mir oft Mehlsuppe, die lecker schmeckte. Oma Huschke hatte mich in ihr Herz geschlossen und sah oft zu, wenn ich wieder auf dem Hof bei und zwischen den Tieren spielte. Als sich Mutti mal wieder sorgte, weil ich nicht essen wollte, konnte sie ihre Sorge zerstreuen: Sie hatte beobachtet, dass ich regelmäßig mit beiden Händen zulangte, wenn die Hühner zerdrückte Pellkartoffeln mit Kleie bekamen. Ich aß mich dort satt und war natürlich nicht bereit, ein zweites Mal am Familientisch zu essen.

Eine Besonderheit beobachtete ich in der ersten Wohnung: Die ehemals wohlhabende Vermieterin war sicher in früheren Jahren so gut umsorgt und von Angestellten umgeben gewesen, dass sie nun die Aufgaben des täglichen Lebens nicht allein meisterte. Alles war verdreckt und auch das Bett nie bezogen. Sie schlief sogar im roten Inlett ihres Bettes. Vielleicht waren es aber auch schreckliche Erlebnisse während des Krieges oder danach, die die Frau kein normales Leben mehr führen ließen? Auch auf diese Frage werde ich nie eine Antwort erhalten.

Mein liebster Spielgefährte war Felix, unser Nachbarsjunge. Täglich hockten wir zusammen im Sandkasten und spielten. Eines Tages fühlte Felix sich schlecht und bekam hohes Fieber. Am nächsten Tag hieß es: „Felix hat Kinderlähmung!" Ich wurde während der nächsten Tage und Wochen eisern bewacht, durfte nirgendwo alleine hin und fragte ständig nach meinem kleinen Spielfreund. Dass er inzwischen in die „Eiserne Lunge" gekommen und dann gestorben war, erfuhr ich erst Jahre später. Felix war eines der Opfer der letzten Kinderlähmungsepidemie, die es in Deutschland gab.

Noch heute stelle ich mir das furchtbar für seine Eltern vor! Der Kleine hatte ja gerade erst angefangen zu leben, und schon war sein kurzes Leben zu Ende. Ich kann Eltern, die ihre Kinder nicht gegen solche schrecklichen Krankheiten impfen lassen, absolut nicht verstehen. Was bedeuten schon ein paar Tage Quengeln und leichtes Fieber, als Reaktion auf die Impfung, gegen solches Leid! Zum Glück hatte ich mich nicht angesteckt und durfte nach einigen, mir endlos erscheinenden Tagen wieder mit anderen Kindern auf dem Hof und zwischen den Tieren spielen. Auch später bekam ich, ganz im Gegensatz zu meinem Bruder, Gelbsucht, Scharlach, Keuchhusten, Windpocken, Masern u. ä. Kinderkrankheiten nicht oder nur in einem leichten Grad. Nur der Ziegenpeter (Mumps) erwischte mich voll.

Damals war es üblich, die Geschwister gleich mit ins selbe Bett zu stecken, damit die Kinderkrankheiten „in einem Abwasch" erledigt wurden.

Der Weg zum Einkaufen war weit und recht beschwerlich, wohnten wir doch im drittletzten Haus der Bergstraße. Und die lag im Oberdorf. Fast alle Geschäfte befanden sich im Niederdorf, und dahin ging es zu Fuß oder mit dem Rad. Heute gibt es einen Bus, der mehrmals unterwegs hält – oder man benutzt gleich das eigene Auto. An so einem Einkaufstag schob

Mutti den mit Einkäufen und meinem Bruder vollgeladenen Kinderwagen heimwärts, als ich anfing zu jammern und nicht mehr laufen wollte. Es setzte einen Klaps, und weiter ging es. Nach wenigen Minuten streikte ich erneut, und die Sache endete wie schon vorher: Hintern voll und weiterlaufen! Mir erschien der Weg bis nach Hause unendlich weit. Zu Hause stellte sich heraus, dass ich die ganze Zeit auf einer Reißzwecke gelaufen war. Ich hatte sie durch die Schuhsohle eingetreten, und nun stach sie mir bei jedem Schritt in den Fuß.

Auch ein anderer Zwischenfall war recht unangenehm: Ich hatte mir aus unerfindlichen Gründen das volle Tintenfässchen über den Kopf geschüttet, und Oma wurde am Bahnhof (wieder im Niederdorf) erwartet. Als sich die Tinte als wasserresistent erwies, nahm Mutti eine Bürste und Scheuersand und bearbeitete mich, bis ich wieder sauber war. Bei solchen Gelegenheiten gab es folgende Androhung: Sollte ich unfolgsam sein, käme ich zur Strafe in das „schwarze Loch". Das war ein Kellergewölbe im Niederdorf. Man konnte es von der Straße aus betreten. Stand die Tür offen, gähnte ein tiefes schwarzes Loch. Daher kam der Name. Jahrelang war es eine regelrechte Horrorvorstellung, doch irgendwann dorthin zu müssen. Dann würde die Tür geschlossen, und niemand könnte mein Rufen hören, und ich müsste für immer dortbleiben.

Gleich neben dem „schwarzen Loch" gab es eine Fleischerei. Dort wurde noch selbstverständlich selbst geschlachtet und das Fleisch auch selbst verarbeitet und verkauft. Gingen wir ins Niederdorf zum Einkaufen, hingen fast immer gereinigte Därme zum Trocknen auf der Leine. In diese wurde dann später die fertige Wurstmasse gefüllt, und man konnte Wurst im Naturdarm essen, und kein Fitzelchen Abfall blieb übrig.

Ein kleines Stück weiter befand sich ein Buchgeschäft. Dorthin führte uns Kinder einige Jahre später der Weg, als Mutti Geburtstag hatte. Wir beide wollten ihr ein hübsches Buch schenken, und mein Bruder, der gerade mal ca. sechs Jahre alt war, verlangte bei der Verkäuferin einen Frauenroman. Für uns war das eine exakte Bezeichnung, denn das Buch sollte doch für unsere Mutter, also eine Frau, sein, und wir wunderten uns, warum die Frauen hinter dem Ladentisch sich über unseren Wunsch so amüsierten.

Weil ich vorhin vom Niederdorf erzählte, fällt mir noch eine Begebenheit ein, die ich bis heute nicht vergessen habe: Die Handrich-Oma wurde zu Besuch erwartet, die Zeit zum Abholen war knapp. Mutti setzte mich also auf den Gepäckträger ihres Rades, und ab ging die Fahrt zum Bahnhof. Ich war damals schon sieben Jahre alt, und es durften nur Kinder bis fünf Jahre auf dem Gepäckträger mitgenommen werden. Es kam, wie es kommen musste: Wir fuhren dem ABV (Abschnittsbevollmächtigten) genau in die Arme.

Mutti wurde gestoppt, der Polizist begann lang und breit eine Belehrung und verdonnerte meine Mutter dazu, drei Mal eine Verkehrsteilnehmerschulung zu besuchen. Während des ganzen Gesprächs spielte er an seiner Pistolentasche herum. Ich sah das mit Entsetzen und nahm an, gleich würde er Mutti erschießen. Ich bekam solche Angst, dass ich wie versteinert war und nicht einmal weinen konnte. Nach der Aufnahme der Personalien durften wir endlich gehen. Das Fahrrad wurde nun natürlich geschoben. Inzwischen kam uns aber schon Oma vom Bahnhof entgegen, der Koffer wurde aufgeladen, und es ging heimwärts. Langsam fand ich meine Fassung wieder und erzählte Oma von meinen Ängsten.

Unsere Hunde

So weit, wie ich mich zurückerinnern kann, hatten wir Hunde. Unser erster Hund war ein Airdelle-Terrier. Er hieß Alf und hatte sich vom Kümmerling (11. Tier eines Wurfes) zu einem Prachttier entwickelt. Leider bekam er mit einem Dreivierteljahr die Staupe, wurde blind und musste eingeschläfert werden. Bald darauf brachte Vater, der ein Hundenarr war, die wunderschöne Deutsche Schäferhündin Blanca mit nach Hause. Sie hatte tiefschwarzes Fell, war sehr klug und lebhaft. Vater ging mit ihr zum Hundesport. Dort war Blanca eine sehr gelehrige Schülerin. Dieser Lerneifer und -erfolg ging aber „nach hinten" los. Das kam so: Opa war wieder mal bei uns in Seifhennersdorf zu Besuch und wollte beim Tischdecken helfen. Mutti sagte zu ihm: „Nimm dir nur das Besteck. Es liegt im Küchenschrank." Als Opa das tun wollte, wandte Blanca ihr Erlerntes an. Sie ließ ihn alles holen und legte dann, als er es in den Händen hielt, beide Pfoten auf seine Schultern. So hielt sie Opa zwischen sich und dem Küchenschrank gefangen. Erst die Eltern konnten ihn aus dieser Lage befreien. Opa war fest überzeugt, dass er diese Wohnung nie wieder betreten werde, denn hier würden ja die Hunde auf ihn gehetzt. Das Ergebnis war: Blanca musste weg! Sie war der 2. Hund, von dem ich mich trennen musste! Nicht lange, und Vater brachte einen herrlichen braun-gelben DSH-Rüden mit nach Hause. Wieder hing ich mit aller Liebe an unserem Brando. Er wurde mein ständiger Begleiter, war wie mein Schatten: Wo ich war, war auch Brando. Ich liebte ihn sehr.

Aber Brando war es, durch den indirekt eine lange schmerzhafte Zeit begann.

Wir waren in Bischofswerda zu Besuch. Vater hatte Schulferien und wollte den Großeltern beim Obsternten helfen. Weil viele Dinge auch jetzt noch nur auf Marken zu haben waren, war ein eigener Garten Gold wert. Opa hatte Obstbäume, viele Sträucher und Erdbeeren angebaut.

Unterwegs mit den Großeltern und dem Hund Brando.

1952

Jedes Jahr mussten diese Früchte in Marmelade, Gelee und Saft verwandelt werden, und jede Hand wurde gebraucht. Dazu war der Herd unentbehrlich. Gleichzeitig köchelte auf selbigem in Omas Küche das Hundefutter für Brando vor sich hin.

Unsere Oma nahm den mit Knochen und kochender Fleischbrühe gefüllten Windeltopf von der Flamme, stellte ihn auf dem Fußboden ab und wollte nun die Kochstellen für die Entsaftungsarbeiten nutzen, als ich neugierig die Küche betrat.

Ich schaute neugierig zum Herd, reckte mich, so klein, wie ich war, nach oben und trat auf den Deckel des Topfes, um größer zu sein und höher zu stehen. Dieser rutschte nach innen und mein linkes Bein mit hinein.

An die darauf folgenden Tage und Wochen kann ich mich absolut nicht mehr erinnern. Über diese Zeit kann ich nur berichten, was ich aus Erzählungen weiß: Auf meine mark-erschütternden Schreie hin kamen alle gerannt, und Oma zog mich bzw. mein Bein aus der gerade noch kochenden Fleisch-brühe. Beim Ausziehen meines Strumpfes (Strumpfhosen gab es ja noch keine) zog Mutti meine Haut gleich mit ab wie einen zweiten Strumpf.

Durch die verständliche Aufregung beim Entknoten des Schnürsenkels stand die heiße Brühe einige Zeit im Schuh, und so wurde die Verbrühung am Fuß noch intensiver.

Die Ärzte im Krankenhaus sollen damals gesagt haben: „Nehmen Sie Ihre Tochter wieder mit! Sterben kann sie auch zu Hause. Die Verbrühungen sind so stark, hier können wir nur noch Schmerzen lindern."

Meine Großeltern holten aber Herrn Dr. Czerwionka. Der verordnete „Heilewasser" – so nannte ich es später, als ich wie-der zu mir kam und sprechen konnte. Diese Penizillin-Lösung wurde täglich im Krankenhaus geholt und musste wochen-lang stündlich auf mein Bein getan werden. Es geschah, was niemand erwartet, meine Eltern und Großeltern aber gehofft hatten: Es bildete sich ganz, ganz langsam neue Haut, und ich durfte, auf einer Decke sitzend, stundenweise auf der Wiese in der Sonne bleiben. Laufen konnte ich erst sehr viel später wieder, und durch das lange Stehen in der heißen Brühe im Schuh sind mir bleibende Narbenflecken als Andenken geblieben. Wieder einmal war ich nicht, wie vorhergesagt, gestorben. Brando wurde nach diesem Vorfall abgeschafft Die Erwachsenen waren der Meinung, ohne ihn bzw. sein Futter wäre alles nicht passiert.

Nach dem Unfall.

Die neue Oma

Als ich reichlich 3 Jahre alt war, trat meine 2. Oma (Vatis Mutter, die er als erwachsener Mann „Mama" nannte; das fand ich sehr komisch) in mein Leben. Ich weiß genau, dass Oma und Opa mich in ihr großes weiß gestrichenes Schleiflackbett zum Mittagsschlaf legten und sehr geheimnisvoll taten. Ich sollte schön und schnell schlafen, dann gäbe es eine Überraschung für mich. Das hätten sie besser nicht sagen sollen, denn nun war ich viel zu aufgeregt, um noch schlafen zu können. Zig Mal stand ich auf und verkündete, ich hätte nun ausgeschlafen, und wurde jedes Mal wieder zurück ins Bett geschickt, um zu schlafen. Das war der längste Mittagsschlaf meines Lebens! Nach einer mir endlos erscheinenden Zeit durfte ich endlich aufstehen und meine neue Oma begrüßen.

Als ich Oma das 1. Mal sah, saß sie zwischen meinen Großeltern und Eltern in der Küche. Ich sollte lieb sein und sie nett begrüßen, versteckte mich aber irgendwo und besah mir meine Oma erst mal ganz genau: Sie war klein, sehr zart, hatte braune Haare, die nach hinten eingeschlagen waren, trug eine randlose Brille und einen kakaobraunen Kleiderrock. An der Garderobe im Korridor meiner Großeltern hingen ein blauer Regenmantel und ein buntes Kopftuch. Auf dem Boden stand eine kleine braune Tasche. Das war mein 1. Eindruck von der Bocha-Oma.

Eigentlich hieß die Bocha-Oma gar nicht mehr Bochnia. Nach der Eheschließung mit einem gewissen Herrn Roll trug sie diesen Namen. Aber nur von Fremden wurde sie als „Frau Roll" angesprochen. Dieser Ehemann unserer Oma muss ein sehr übler Geselle gewesen sein. Er war als Handelsreisender unterwegs und tauchte eines Tages nicht mehr zu Hause auf. Er soll, so hieß es, ermordet und beraubt worden sein. Aufgeklärt wurde der Fall allerdings nie. Vater erzählte kaum und ungern von ihm. Nur so viel: Seine Schwester und er (sicher auch Oma) waren froh, den prügelnden Stiefvater los zu sein.

Mit 3 Jahren.

Mit 3 Jahren.

Weil ich lange Zeit meinen Nachnamen „Bochnia" nicht richtig sprechen konnte, nannte ich mich Tita Bocha, und so kam meine Oma zu ihrem Namen. Als wir alle längst erwachsen waren, hieß sie immer noch bei allen vier Enkelkindern „die Bocha-Oma". Die Bocha-Oma kam nun auch regelmäßig nach Seifhennersdorf, um Mutti im Haushalt zu helfen und auf meinen kleinen Bruder aufzupassen, während Mutti in Heimarbeit tätig war.

Zu manchen Besuchen brachte die Bocha-Oma meinen Cousin Günther mit. Er ist ein Dreivierteljahr älter als ich, und wir zogen zum gemeinsamen Spielen los. Für Günther, der in der Stadt aufwuchs, war das immer etwas Besonderes, mit uns so ungezwungen toben zu können. Ganz toll fanden wir die Rutschpartien im Stroh. Der Offenstall war immer einladend unverschlossen. Man brauchte nur noch so hoch wie möglich ins Stroh zu steigen und dann, je nach Mut oder Lust, hinunterzurutschen oder zu springen. Angst um die Sachen hatten wir nie. Wir liefen sowieso fast immer barfuß, und solange es das Wetter zuließ, trug ich Lederhosen. Die waren erst richtig schön, wenn sie speckig glänzten.

Nach so einer Toberei im Stroh kamen wir wieder einmal hungrig nach Hause und freuten uns auf die Blutwurstschnitten mit Senf. Nur mein Cousin saß weinend vor seinem Teller. Er konnte sich nicht dazu überwinden, dieses leckere Mahl wenigstens zu kosten. Auch Omas Überredungskünste nutzten nichts. Lieber ging er hungrig ins Bett. Trotz seiner Abneigung gegen Blutwurst besuchten er und die Oma uns weiterhin oft und gern.

Bei dieser Gelegenheit fällt mir auch noch ein Essen ein, das ich zwar aß, aber nicht besonders mochte – weiße Bohnen, dick als Eintopf gekocht. Vater sagte immer: „Heute gibt es weiße Mäuse." Das regte meinen Appetit auch nicht gerade an. Aber was half es? Es wurde gegessen, was auf den Tisch kam!

An einem schönen Sommertag spielten wir wie immer draußen, als mein kleiner Bruder wunderschöne Blumen entdeckte. Die wollte er unbedingt pflücken und Mutti als Strauß mit nach

Hause bringen. Dazu galt es aber erst ein Frühbeet zu überwinden. Er betrat die Glasscheibe und brach zu unserem Entsetzen ein. Dabei zerschnitt er sich den Fuß ganz schlimm und blutete sehr. Mutti wurde benachrichtigt und der verletzte Fuß verbunden. Weil Steffen mit der Verletzung nicht laufen konnte, wurde er in den vom Boden geholten Stubenwagen gesetzt und konnte dank dieses Gefährts wieder überall in der Wohnung dabei sein.

Bei ihren Besuchen lief die kleine Oma mit Riesenschritten durch die Wohnstube und schob den Stubenwagen, in dem bis zum heutigen Tage ca. 30 Kinder lagen und der immer in der Familie blieb.

Dieser Wagen ist ein Modell von ca. 1890 und, der damaligen Mode folgend, entsprechend hoch. Oma wirkte hinter diesem Teil irgendwie zerbrechlich. Das war sie aber keinesfalls. Sie hat immer hart arbeiten müssen, um sich und ihre beiden Kinder, die ohne Vater aufwuchsen, durchzubringen. Oma erzählte mir, dass sie für andere Leute die Wäsche gewaschen, auf deren Kinder aufgepasst, gekocht und geputzt habe.

Ich erinnere mich, dass die kleine Oma oft hinter dem Waschbrett stand und dort gegen den Schmutz kämpfte. Auch Steffens Windeln rubbelte Oma auf dem Waschbrett sauber. Hinterher mussten dann wieder die durch das Schrubben entstandenen Löcher „gewiebelt" (auf Hochdeutsch: gestopft) werden.

Wenn ich den Eltern oder Großeltern meiner Freunde erzählte, dass die Oma zu uns zu Besuch käme, wurde ich immer gefragt, welche Oma es denn sei: die Kopftuch-Oma oder die Hut-Oma.

Die Kopftuchoma war die Bocha-Oma, also die Mutter meines Vaters. Sie war erst 1953 aus Gliwice (ehem. Gleiwitz) nach Deutschland gekommen. Dort hatte sie einer jüdischen Familie den Haushalt geführt und die Kinder gehütet. Als diese Familie nach Israel auswanderte, hätte sie Oma gern mitgenommen. Etwa zeitgleich bekam Oma aber die Erlaubnis, nach Deutschland zu ihren Kindern auszureisen. Sie durfte nur eine Reisetasche mit persönlichen Dingen mitnehmen. Weil es am Abreisetag wie aus Kübeln goss, warf ihr, bereits auf der Treppe, ein polnischer Polizist noch den Regenmantel hinterher. Das hat mir Oma oft erzählt.

Die Bocha-Oma war katholisch und unterhielt sich oft und gern mit anderen Umsiedlern, wenn sie in Seifhennersdorf war. Sie ging auch regelmäßig zur Kirche, und ich durfte sie begleiten. In die katholische Kirche ging ich sehr gern. Dort klingelte es manchmal, man durfte ab und zu aufstehen, und der Pfarrer hatte immer mal andere bunte Schals umhängen. Das alles kannte ich aus unserer evangelischen Kirche nicht. Zu Beerdigungen wurden die Särge von Pferden auf einem Wagen mit gedrechselten Säulen von der Kirche zum Friedhof gezogen. Auch zu diesen Beerdigungen ging unsere Bocha-Oma hin. Ich durfte allerdings und verständlicherweise nicht dabei sein.

Unsere Hut-Oma war die Mutter meiner Mutti. Sie ging nie ohne Hut außer Haus. Oma hatte goldblondes bis rötliches Haar, sehr helle empfindliche Haut und schützte sich deshalb auch im Sommer mit dem Strohhut vor der Sonne. War es sehr windig, band sie einen Seidenschal über den Strohhut.

Bei starker Kälte wurde ein Wollschal über dem Filzhut getragen. Mütze oder gar Kopftuch kamen für die Handrich-Oma absolut nie infrage. Oma legte viel Wert auf Etikette und trug auch im Sommer meist weiße Spitzenhandschuhe. Sie achtete streng darauf, dass wir im Winter nie ohne Handschuhe ausgingen. Sonst würden wir Hände bekommen wie eine Waschfrau! Trotz der unterschiedlichen Lebensläufe harmonierten unsere beiden Omas gut miteinander. Opa bot unserer Bocha-Oma auch Wohnraum im Haus an, in dem die Großeltern, eine andere ältere Dame und Opas Schwester lebten.

Die Wohnung im 1. Stock bewohnten meine Großeltern. Diese drei älteren Damen bildeten (modern gesagt) eine WG: Oma und Tante Hertha (Opas Schwester) verdienten das Geld, Fräulein Rurack führte den Haushalt. Das war eine perfekte Lösung für alle drei.

Wir Kinder hatten alle Großeltern auf einmal da, wenn wir zu Besuch waren, und noch zwei Ersatz-Omas dazu.

Wir ziehen um

Nun noch mal zurück: Als ich nach dem Hundefutter-Unfall wieder fit war, zogen meine Eltern mit uns um. An diesen Umzug erinnere ich mich kaum. Ich weiß nur, dass einige Nachbarn und Kollegen meines Vaters halfen, den offenen Pferdewagen zu beladen. Aller Hausrat passte damals drauf, denn Kühlschrank, Fernseher, Waschmaschine, Stereo-Anlage usw. gab es noch lange nicht! Auch die Kleidung war verständlicherweise weniger umfangreich. Das Einzige, woran ich mich erinnere, ist, dass ich meinen roten Ball ganz allein aufladen durfte. Unsere neue Wohnung lag in einem Altneubau-Wohnblock. Vor dem Haus befanden sich die Kuhweide, später der darauf erbaute Offenstall und hinter dem Haus Felder. Weil überall die Losung „Von der Sowjetunion lernen heißt siegen lernen!" galt, wurden ungeachtet der klimatischen Bedingungen ab Mitte der 1950er-Jahre besondere Ställe gebaut: Eine Längsseite und beide kurze Seiten hatten feste Wände. Die zweite Längsseite besaß keine Wand. Der Stall war somit Tag und Nacht offen und jedermann zu jeder Zeit zugänglich. Daher der Name „Offenstall". Die Tiere sollten durch diese Art der Haltung abgehärtet werden. Das Experiment erwies sich allerdings für unsere Breiten als ungeeignet und misslang.

Links ging die Schotterstraße steil ins Dorf. Rechts lag ein kleines Wäldchen, die Quetsche. Vom Fenster aus sah man ins Nachbarland, die CSR. Wir konnten herrlich spielen, toben und träumen. Hatten wir es eilig, kürzten wir die Wege einfach ab. Wir benutzten nicht die Straße, sondern rannten querfeldein über die Felder oder Weiden. Wollten wir zu unseren Nachbarskindern, stiegen wir über die Mauer und gingen nur durch das Gartentor, wenn wir mit dem Puppenwagen oder Roller draußen waren.

Unser Gebäude bestand aus drei Häusern mit je vier Wohnungen. Wir wohnten im mittleren Eingang, hatten also unsere Freunde rechts und links von uns wohnen. In allen umliegenden Häusern gab es viele Kinder. Wenn ich mich richtig erinnere, waren es 38 in unserem Alter, die ganz kleinen und älteren nicht mitgerechnet. Unglaublich, wenn man das mit heute vergleicht! Ich denke, das waren auch noch die „Auswirkungen" der spät aus der Gefangenschaft heimgekehrten Männer. Viele meiner Spielfreunde und späteren Klassenkameraden hatten wesentlich ältere Geschwister, waren also Nachzügler.

Unsere Nachbarn waren ein bunt zusammengewürfeltes Häufchen. Auf die zwölf Wohnungen verteilten sich Mieter sehr unterschiedlicher Kulturen, die unterschiedlichste Dialekte sprachen.

Da war natürlich zuerst die Oberlausitzer Mundart mit dem stark rollenden „r", das die sogenannten Edelroller beherrschen. Dann gab es die Sudetendeutschen, Ungarndeutsche, Familien aus Nieder- und Oberschlesien und Ostpreußen. Noch heute erkenne ich die verschiedenen Dialekte, wenn ich sie von älteren Menschen höre. Biologisch bedingt wird das aber immer seltener.

Keiner besaß viel, aber alle teilten gern und oft das wenige miteinander. So lernte ich auch ganz früh die leckere ungarische oder ostpreußische Küche kennen. Frau K. trug noch täglich die dunklen weiten Trachtenröcke und ein buntes, in spezielle Falten gelegtes Kopftuch. Darunter gehörten mindestens zwei weiße angeriehene Baumwoll-Unterröcke, die in der Taille gebunden wurden.

Auch die K.-Oma ging so gekleidet. Bei K.s hatte ich einen festen Essensplatz und meinen eigenen Teller. Er war aus Blech, braun emailliert, und wenn man aufgegessen hatte, kamen am Boden weiße Blumen zum Vorschein.

Die K.-Oma strickte für mich immer „Batschkas". Das waren schwarze Füßlinge, ähnlich den heutigen Ballerinas. Damit man nicht ausrutschte und auch notfalls mal draußen damit laufen konnte, wurde eine Sohle aus ganz festem Stoff, später Leder, angenäht. Die Oberseite wurde in den herrlichsten Mustern bestickt.

K.s hatten zwei Töchter im Backfisch-Alter. Heute nennt man das „Teenies". Als die jüngere der beiden krank wurde, verschrieb unser Dr. Burek Zäpfchen. Am Abend kam Frau K. sehr unglücklich zu unserer Mutti hoch und sagte: „Ach, Frau Bochnia, ich weiß nun auch nicht mehr weiter. Unsere Kathi kriegt die großen Dinger nicht runter. Sie hat schon dreimal alles ausgebrochen. Ob Sie es mal versuchen würden?" Mutti erklärte ihr dann, wie Zäpfchen verabreicht werden sollen, und nach wenigen Tagen war Kathi wieder gesund.

Herr K. reinigte einmal im Jahr die Aschegrube hinter dem Haus. Asche fiel reichlich an, wurde doch mit Kohle und Holz geheizt. Tonnen gab es damals noch lange nicht und Mülltrennung auch nicht. Bei diesen Aktionen sahen wir Kinder nur aus sicherer Entfernung, besser vom Fenster aus, zu, denn es konnte vorkommen, dass ganze Ratten-Familien aus der Asche-Grube flohen; und Herr K. versuchte immer, einige zu fangen oder zu erschlagen. Fühlen sich Ratten bedroht, können sie sehr gefährlich werden, auch für den Menschen.

Irgendwann in dieser Zeit beschloss Mutti, dass ich Ohrringe bekommen sollte. Das erledigte auch Frau K. für alle in der Nachbarschaft. Dazu wurde eine Stopfnadel über der Gasflamme erhitzt/sterilisiert, um mir dann durch beide Ohren Löcher zu stechen. Das tat schrecklich weh und stank. Anschließend zog man durch die frischen Löcher Baumwoll-Bändchen, band Schleifchen, und nun hieß es: warten, bis alles geheilt ist, und ab und zu mal das Bändchen bewegen, damit nichts einwächst. Das alles klappte aber bei meinen Ohren nicht so reibungslos wie bei anderen vorher. Meine Ohren begannen bald zu glühen, eiterten, und ich hatte richtige „Krautblätter" am Kopf. Die Heilung dauerte einige Zeit. Ohrringe habe ich nie getragen, erst später mit ca. 20 Jahren Ohrclips von Tante Gerti.

Noch heute habe ich etwas gegen das Ohrlochstechen, erst recht das Piercen, obwohl ich weiß, wie peinlich genau auf Hygiene geachtet wird.

Nun war auch mein Bruder in einem Alter, das er in den Kindergarten gehen konnte. Mutti wollte mehr Geld verdienen, denn das Knöpfe-Annähen in Heimarbeit wurde schlecht bezahlt. Sie fand eine Beschäftigung als Erzieherin im Kindergarten, und so gingen wir morgens gemeinsam „zur Arbeit". Der Dienst begann 6 Uhr früh. Weil noch alles finster war, wenn es losging, sangen wir oft, meist „Schwarzbraun ist die Haselnuss". Eines Tages mussten wir uns ein neues Morgen-Wanderlied überlegen. Der ABV (heute würde man „Bürgerpolizist" sagen) war da und hatte Mutti verwarnt. Was wir nun sangen, weiß ich nicht mehr.

In der eben beschriebenen Zeit sahen wir unseren Vater relativ selten. Er war Schulleiter und nahm noch neben seiner Arbeit ein Fernstudium auf sich. Wenn er da war, fuhr er mit uns Rad

Steffen und ich, 5 und 3 Jahre alt.

29

oder spielte Würfelspiele. Dabei schummelte er sehr gekonnt und erklärte uns hinterher immer, er könne doch auch nichts dafür, dass wir „verwonnen" hätten. Verlieren gab es bei ihm nicht. Wenn Vater las, brauchte er seine Brille, die aber oft nicht zu finden war. Wir Kinder sollten dann helfen, seine „Brilloka" zu finden. So hieß das Ding bei ihm.

Er hatte viele sonderbare Bezeichnungen vorrätig, leider habe ich mir nur wenige gemerkt. Beim Brot-Anschneiden bekam er immer „die Krunka". Das war das Renftel oder, hochdeutsch, das Brotende.

Seine Schüler verehrten ihn sehr, obwohl er manchmal recht ungewöhnliche Methoden und Ausdrücke verwendete. Zum Beispiel habe ich mir gemerkt: „Dich hat man wohl mit dem Klammersack gepudert!" oder „Du hast ein Benehmen wie ein Gartenschlauch – krumm und dreckig!"

Die Berufsschüler, die er damals unterrichtete, nahmen ihm diese eigentlich beleidigenden Reden nicht übel, denn die meisten hatten zu Hause nur die Mütter, und die waren meinem Vater für mal ein derbes Wort bei der Erziehung ihrer Söhne dankbar.

Einmal trafen wir unterwegs auch eine von Vaters Schülerinnen. Anscheinend war auch irgendetwas nicht ganz zu seiner Zufriedenheit abgegangen, und er sagte: „... sonst muss ich mal mit deiner Frau Mutter reden." Nun verstand ich gar nichts mehr. Frau oder Mutter? Was nun? Dass das damals eine übliche und höfliche Anrede war, wusste ich nicht.

Waren wir mit Vater unterwegs, endete unser Spaziergang meist in der „Krone" bei Bier. Wir Kinder bekamen bunte Limonade und auf einem kleinen Teller Zucker-Eierchen und brauchten jede Menge Geduld, bis Vater seine Runde Billard beendet hatte! Zwischendurch rief immer mal wieder einer der Männer: „Gretel, noch ein Bier!" Dieses Spiel spielten wir dann zum großen Ärger unserer Mutter im Kindergarten nach. Als gerade viele fremde Mütter da waren, um ihre Kinder abzuholen, rief Steffen mir zu: „Gretel, noch ein Bier!"

Spiele und sonderbare Beobachtungen

An den Wochenenden alberten wir beide gern noch etwas im Bett herum oder spielten. So war es auch an dem Sonntag, von dem ich jetzt erzählen will. Steffen und ich hatten ein gemeinsames Kinderzimmer. Wer zuerst munter war, weckte den anderen, und dann wurde entweder Gespenst gespielt oder geturnt. Zum Gespenst-Spielen krochen wir in den Bettbezug und liefen dann so herum und machten „schreckliche" Geräusche.

Zur normalen Schlaf- und Kinderzimmerausstattung gehörte damals in allen Familien ein Nachttopf, so auch bei uns. Unserer war reichlich benutzt worden und stand nun nicht mehr unter, sondern vor dem Bett, als Steffen ansetzte, um eine besonders schwungvolle Rolle vorwärts auszuführen. Er war immer schon viel sportlicher als ich, und sicherlich wollte er mir damit imponieren. Er hatte leider zu viel Schwung genommen und landete mit dem Kopf außerhalb des Bettes im Nachttopf. Was sich jetzt so lustig anhört, war eine recht unangenehme und schmerzhafte Angelegenheit, weil der Porzellantopf wie ein Zylinder festsaß und nur schwer wieder abzulösen war.

Anschließend stanken wir nicht nur alle beide, sondern bekamen auch mächtig den Hintern voll und durften bei herrlichstem Sonnenschein nicht hinaus. Die Fensterläden kamen vors Fenster, und wir konnten unsere Freunde nur durch die Holzspalten hören und sehen.

Vom besagten Kinderzimmerfenster sah man auf tschechischer Seite den Burgsberg und die Burg, die dem Berg ihren Namen gegeben hatte. Die Burg war eine Ruine, und es wurde erzählt, die Pascher (Schmuggler) träfen sich dort zu heimlichen Geschäften. Man muss wissen, dass Warnsdorf (Varnsdorf) erst seit '45 zur CSR gehörte. Viele Alteingesessene hatten nahe Verwandte dort und kannten Weg und Steg. Abends konnte man hinter den Fenstern gelegentlich huschende Lichter (Taschenlampen?) erkennen.

Der Burgsberg.

Wir Kinder glaubten allerdings nicht an so simple Erklärungen wie Schmuggler. Die gab es zu oft. Nein, viel spannender war der Burggeist, von dessen Existenz wir fest überzeugt waren, gehörte doch zu einer anständigen Burg selbstverständlich auch ein ordentliches Gespenst!

Vielleicht spiegelten sich auch einfach nur die Lichter eines vorbeifahrenden Radfahrers in den kaputten Fenstern? Ich hätte sonst etwas darum gegeben, die Burg mal ganz nah zu sehen. Aber leider war es verboten. Aber wie passte das zusammen?

Die CSR war ein „Bruderland" der DDR, und Brüder besuchte man doch – ohne erst von der Regierung eine Erlaubnis einholen zu müssen!

Noch etwas anderes beunruhigte und beschäftigte mich sehr: Auf dem letzten Stück fuhr der Zug nach Seifhennersdorf eine kleine Strecke durch tschechisches Gebiet. Das hing mit dem Schienenverlauf vor '45 zusammen. Während dieser Fahrstrecke mussten alle Fenster geschlossen bleiben; gab es Vorhänge im Abteil, waren diese vor die Fenster zu ziehen. Der

Zug fuhr langsam, und man sah tschechische Grenzer mit aufgepflanztem Bajonett an der Strecke patrouillieren. Gelegentlich kam es doch vor, dass jemand einen Brief, ein Päckchen oder sogar Flugblätter hinauswarf. Der Schuldige wurde meist ermittelt und bestraft.

Der andere Nachbarort von Seifhennersdorf ist Rumburg (Rumburk). Für diesen Ort galt das Gleiche wie für Varnsdorf.

Die an unserer Schule vorbeiführende Rumburger Straße endete plötzlich an einem hohen Bretterzaun, der zusätzlich noch mit Stacheldraht gesichert war. Schilder mit der Aufschrift „Pozor!" („Achtung, Grenze!") machten darauf aufmerksam: Hier ist die DDR zu Ende. Vater sagte immer: „Bei uns ist die Welt mit Brettern vernagelt."

Nur nach einer Seite war Seifhennersdorf mit dem Rest des Landes verbunden. Wenn man so will, wohnten wir wirklich am A… der Welt. Das störte uns aber keinesfalls. Für uns war das Normalität.

Der Grenzübergang heute.

Mein Traum, den Burgsberg mal ganz nah zu sehen, ihn sogar zu betreten, ging 2007 in Erfüllung. Anlässlich unseres Hochzeitstages erfüllt mir mein Mann jedes Jahr einen großen Wunsch – eine Fahrt nach Seifhennersdorf. Die Burg wurde mit EU-Geldern herrlich restauriert und ist jetzt jedem zugänglich. Auch wir wanderten über die nun offene Grenze, und ich hatte nach so vielen Jahrzehnten Gelegenheit, alles genau in Augenschein zu nehmen.

Einige Zeit später waren wir draußen beim Spielen, als wir beobachteten, wie Nachbars Katze einen kleinen Vogel fing. Den retteten wir Kinder natürlich sofort und setzten ihn als Ersatz für einen Käfig in Mutters Backform aus Jenaer Glas. Die wurde elektrisch betrieben und hatte oben in der Mitte Luftlöcher, also ein bestens geeignetes Quartier. Leider starb unser Zögling aber doch, und alle irgendwie anzutreffenden Kinder kamen zur „Vogelbeerdigung". Wir zogen unsere dunkelsten Sachen an, weil ja jeder wusste: Zur Beerdigung trägt man Schwarz. Steffen setzte Vaters schwarze Baskenmütze auf, und fertig war der Pfarrer. Dieser sprach irgendwann folgende Worte: „Und nun, liebe Trauergemeinde, singen wir alle zum Schluss das schöne Lied ‚Alle Vögel sind schon da'." Die in der Nähe anwesenden Mütter haben sich vor Lachen bald verschluckt.

Wieder einmal hatten wir wegen irgendeiner Sache Stubenarrest, und unsere Zimmertür war zugeschlossen. Erst spielten wir gemütlich. Nach einiger Zeit merkte mein Bruder, dass er dringend mal „groß" musste. Der Nachttopf war aber nur nachts unter dem Bett. Am Tage stand er auf dem Plumpsklo. Die Angelegenheit wurde immer dringender, wir riefen und klopften. Es öffnete niemand. Wir wussten nicht, dass Mutti ins Dorf gegangen war und die Nachbarn draußen auf der Gartenbank saßen und uns auch nicht hören konnten. In seiner allergrößten Not holte Steffen den geschnitzten Holzteller vom Tisch. Der stand dort immer nur zur Zierde in der Mitte des Tisches. Nachdem alles erledigt und die Gefahr gebannt war, gehörte unserer Meinung nach auch alles wieder an seinen Platz. Es dauerte noch eine kleine Ewigkeit, bis sich der Türschlüssel drehte und wir befreit wurden, auch von den Düften. Mutti traute ihren Augen nicht: Der Holzteller mit der um den Rand verlaufenden Inschrift „Unser tägliches Brot gib uns heute" thronte gut gefüllt mitten auf dem Tisch.

Etwas später änderte sich wieder etwas in unserem Kinderleben: Vater wurde Dozent in Karl-Marx-Stadt, das heute wieder, wie auch früher schon, Chemnitz heißt. Wir sahen ihn noch seltener. Nur noch sonnabends kam er nach Hause, und sonntags fuhr er wieder weg. Meine Eltern stritten immer häufiger.

Mutti hatte sich noch nie in Seifhennersdorf wohlgefühlt und wollte unbedingt wegziehen, fort in die Großstadt. Dort gab es aber keine Wohnungen für Angehörige der Intelligenz. Diese produzierte ja keine „Werte" und wurde deshalb nicht gefördert. In diese Gruppe gehörten wir. Für uns Kinder blieb erst einmal alles beim Alten. Aber Familie K. zog weg, und ich bekam auch keine Batschkas mehr gestrickt.

Ging bei uns beiden Geschwistern irgendetwas schief, kam der Teppichausklopfer zum Einsatz. So war das damals in fast allen Familien üblich. Bald bestand dieses Gerät nur noch aus einer Spirale, aber wir hielten zusammen wie Pech und Schwefel. Wir lebten nach dem Motto: „Dresche vergeht – der Hintern besteht."

An Spiele in der Wohnung kann ich mich kaum erinnern. Ich weiß noch, dass mich Oma mit meinen fünf Jahren das Häkeln und etwas später das Nähen lehrte. Auch meine Aussteuer musste ich aus Meterware aus Opas Geschäft Jahre später auf Omas „Singer"-Nähmaschine selbst nähen. Sie war davon überzeugt, ein Mädchen müsse das können! Aber zurück zu unseren Spielen …

Schon lange, bevor wir zur Schule kamen, spielten wir ohne Aufsicht der Eltern irgendwo draußen. Die Eltern hatten andere Sorgen. Es galt die Dinge des täglichen Lebens zu regeln bzw. zu organisieren. Niemand kümmerte sich ernstlich darum, wo, mit wem oder was wir spielten. Wir wuchsen

„in Freiheit dressiert" auf und waren echte Feld-, Wald- und Wiesenkinder.

Gern veranstalteten wir Roller-, später Fahrradrennen. Dazu inspirierten uns das regelmäßig stattfindende „Grenzlandrennen" und die Friedensfahrt Warschau–Berlin–Prag. Gustav Adolf Schur („Täve") war regelmäßig dabei und unser erklärtes Idol. Seine Startnummer wurde von allen Kindern heiß begehrt. Diese und andere Nummern schrieben wir mit Kreide auf unsere Lederhosen – das Rennen konnte beginnen. „Täve" war 1958 und 1959 Amateur-Straßenradweltmeister, gewann '56 die Silbermedaille bei den Weltmeisterschaften in Melbourne und wurde mehrfach Sieger der Friedensfahrt. Das war damals das bedeutendste Amateur-Etappenrennen der Welt. Auch einige Jahre nach der Wende fand dieses Straßenrennen noch statt, wurde dann aber leider eingestellt. Das bedaure nicht nur ich sehr.

Eines unserer liebsten Spiele war das Schneckenrennen. Jedes Kind durfte zwei Schnecken an den Start gehen lassen.

Hinter dem Haus, Bad in der Zinkwanne.

Wer schon einmal Schnecken genauer betrachtet hat, wird wissen, dass keine der anderen gleicht, wie es auch bei Zebras und anderen Tieren ist. Wir kannten also genau unsere Starttiere, setzten sie hinter einem mit Kreide gezogenen Strich auf der Mauer zum Nachbarhaus ab und riefen: „Schnecke, Schnecke, komm heraus! Strecke deine Fühler aus!" Nun hieß es: geduldig warten und darauf hoffen, dass sich eine der Schnecken in Bewegung setzte und zuerst die Zielgerade überquerte. Das konnte dauern. Der Sieger wurde dann mit einem besonders schönen Blatt belohnt und alle Tiere wieder freigelassen. Beim nächsten Schneckenrennen suchte sich jeder zwei neue Starter.

Neben der schon erwähnten Quetsche befand sich ein kleiner Steinbruch. Dort oder auf der feuchten Kuh-Weide fingen wir uns Frösche. Im Sandhaufen (irgendwo war immer einer) bauten wir unserem Frosch ein Sandschloss mit Türmen, Badeteich und Speiseraum, fingen ihm allerlei Leckereien und glaubten, bei guter Pflege würde sich der Frosch sicher bald in einen Prinzen verwandeln. Passierte das nicht, ließen wir den falschen Kandidaten nach 2–3 Tagen frei und suchten uns einen neuen. Leider fand niemand jemals den erhofften Prinzen.

Bei einer solchen Froschfangaktion trat einmal mein zwei Jahre jüngerer Bruder auf der Wiese aus Versehen barfuß auf einen Frosch, und die Innereien quollen unter seinem kleinen Fuß hervor. Er ekelte sich derart, dass er nie mehr dieses Spiel mitspielen wollte, und noch heute, als Großvater, ekelt er sich vor Fröschen. Weil Steffen nicht mehr mitspielte, wurde auch für mich das Spiel uninteressant, und nach und nach hatten die armen Frösche vor uns ihre Ruhe.

Wir spielten nun Ball, Verstecken, Huppe-Kästchen, Vater/Mutter/Kind, beobachteten vom Küchenfenster die „Oster"-Hasen, fütterten hinter dem Haus im Winter die Rebhühner, die es in Scharen gab, oder spielten mit unseren Puppen. Bei fast allen Spielen trennten wir beiden Geschwister uns nie, denn ich als Große war verantwortlich dafür, dass meinem Bruder nichts passierte.

Ich empfand das nie als Belastung. War er einmal nicht dabei, weil er oft krank war, machte auch mir die ganze Spielerei nicht mehr viel Spaß. Angst hatte ich nur davor, dass Steffen „wegbleiben" könnte. Wenn er sich sehr aufregte oder auch vor Wut brüllte, kam es vor, dass er vergaß, Luft zu holen, blau anlief und dann wie tot umfiel. Da half kein Schütteln, kein kalter Waschlappen oder sonst etwas. Bei solchen Ereignissen hatte ich riesengroße Angst um meinen kleinen Bruder und war überglücklich, wenn er wieder zu sich kam. Mutti sagte immer: „Du bist die Große und musst vernünftiger sein. Der Klügere gibt nach." Das wurde fortan meine Richtschnur. Im Zweifelsfall gab ich immer nach.

Etwa in dieselbe Zeit fällt Steffens „Nachtschreck." Er schrie regelmäßig nachts panisch auf, lief auch umher. Einmal kletterte er auf eine Kommode. Wurde er geweckt, konnte er sich an nichts mehr erinnern. Ich denke, Ursache waren häufige Streitereien zwischen meinen Eltern, die er mit seinen damals drei oder vier Jahren nicht verarbeiten konnte. Die gesamte Kindheit über und auch später blieb er trotz aller überwiegend sportlichen Aktivitäten sehr sensibel. An zwei Episoden erinnere ich mich ganz besonders. Ich erzählte ja schon, dass immer viele Kinder gemeinsam spielten. Das Alter war dabei unwichtig. Mein neun Jahre alter Freund Henry lehrte mich fünfjähriges Mädchen z. B. mit einer endlosen Geduld, die Schleife am Schuh zu binden. Wegen der anfangs genannten Ernährungsstörung mit anschließender Rachitis hatten meine Füße Schaden genommen, und ich musste ständig hohe schwarze oder braune Schuhe tragen, die sich verdammt schwierig binden ließen. Da lief ich doch lieber gleich barfuß, wenn es keiner sah!

Was für mich der große Henry war, war für Steffen der sieben Jahre ältere Klaus aus dem Nachbarhaus. Sein Vater besaß einen Bus, war viel unterwegs und ging in der knappen Freizeit zum Klettern. Die Kletterausrüstung (Seile, Haken u. ä.) wurde auf dem Boden aufbewahrt – nicht sicher genug für die neugierigen Jungen! Irgendwann verschafften sie sich Zugang zum Dachboden und spielten Bergsteiger.

Da Steffen als Jüngster auch der Leichteste in der Runde war, wurde er ungesichert in einen großen geflochtenen Kartoffelkorb gesetzt und ein Seil am Henkel befestigt. Nun sollte der Korb vom Hof nach oben gezogen werden. Steffen konnte ja absolut noch nicht einschätzen, in welcher Gefahr er war. Ich denke, auch der zehn- oder elfjährige Klaus war sich nicht der Tragweite seiner Handlung bewusst. Bis zur Höhe der Dachrinne ging noch alles glatt. Dann verkantete sich der Korb so, dass mein Bruder hinaussehen konnte. Er sah unsere Mutti mit vollen Einkaufsnetzen aus dem Dorf den Berg heraufkommen, winkte und rief zu ihr herunter: „Huhu, Mutti!" Mutti ist vor Angst fast das Herz stehen geblieben! Sie ließ alles fallen, rannte zum Haus und überzeugte die älteren Jungen, den Korb mit meinem Bruder unbedingt wieder herunterzulassen, denn beim Überwinden des Hindernisses Dachrinne wäre es unweigerlich zum Kentern gekommen … Mein kleiner Bruder stieg quietschvergnügt aus und war sich keiner Schuld bewusst. Wie auch?

Jedes der Mädchen unserer Straße besaß einen Puppenwagen. Fast alle waren noch Vorkriegsmodelle, so auch meiner. Aber das interessierte niemanden. Wichtig war, dass das Ding fuhr!

Meine Freundinnen Regine, Doris, Evi (ihre Eltern nannten sie nur „Evchen") und Gudrun besaßen Puppen mit Porzellanköpfen, dicken Zöpfen und Schlafaugen. Ich hatte eine Babypuppe mit angemalten Haaren und Augen und eine Käthe-Kruse-Puppe mit echtem blondem Haar. Meine Johanna hatte ich von Oma Johanna zum 1. Geburtstag bekommen. Später hat sie mich zum Studium und auch sonst überallhin begleitet, und auch meine Kinder spielten mit ihr. Diese Johanna-Puppe wurde von meinen Freundinnen immer belächelt, weil sie nur angemalte Augen und keine echten Schlafaugen hatte. Auch an meinem Baby meckerten sie herum. Es hatte noch einen zweiten Makel – keine Haare. Dem ließ sich leicht abhelfen. Weil ich viele rote Locken hatte, diese sowieso ständig fitzten, schnitt ich mir einfach ein paar ab, stopfte sie dem Baby unter die Mütze, und nun hatte es ab sofort auch Haare. Ob es deshalb Ärger gab oder nicht, weiß ich nicht mehr. Aber ich weiß noch eins genau: Ich besaß einen kleinen Pappkoffer. Der wurde immer dann benutzt, wenn ich nach B. zu den Großeltern fuhr. Einmal legte Mutti mein Nachthemd und Hausschuhe hinein und brachte mich zur „Quetsche", unserem über alles geliebten Wäldchen! Ich sollte dort bleiben und nie wieder heimkommen. Warum, weiß ich bis heute nicht. Auch erinnere ich mich nicht, wann und wie ich wieder nach Hause kam. Dort habe ich, wie man so schön sagt, einen Filmriss. Oder habe ich alles verdrängt?

Neue Verluste

Nachdem ich immer wieder schmerzlichen Abschied von unseren Hunden hatte nehmen müssen, wünschte ich mir sehnlichst eine Katze. Da Nachbars Katze Junge hatte, schenkte mir die Nachbarin ein grau, schwarz und weiß geschecktes Kätzchen. Meine Miez wurde von Stund an mein Ein und Alles: Tagsüber stromerte sie mit oder ohne uns durch die Felder, abends brauchte man nur „Miez, Miez" zu rufen, dann kam sie in großen Sprüngen durch das Getreide gesprungen und schnurrte in meinen Armen. Eines Tages blieb mein Rufen ohne Erfolg. Immer wieder rief ich sie, aber umsonst. Wochen später erfuhr ich, dass ein weiter entfernt wohnender Nachbar, der ganz am Anfang der Straße wohnte, Katzen fing, sie aß und die Felle gegen Rheuma verwendete. Auch meine Miez war sein Opfer und von ihm gefressen worden. Dieses Barbarentum als „etwas essen" zu bezeichnen, kam für mich nicht infrage: Wer so heimtückisch handelte, der fraß!

Noch einmal möchte ich von einigen Freundinnen erzählen. Die Wohnung neben uns wurde von Annemarie mit ihrer Tante und Mutti bewohnt. Annemarie war etwa fünf Jahre älter als ich und ging schon zur Schule. Weil ihr aber das Lernen gar nicht leichtfiel, musste sie nach Leutersdorf in die Hilfsschule fahren. Niemand kam aber auf die Idee, sie deshalb zu hänseln. Jeder wusste, sie gab sich Mühe, gut zu lernen, schaffte es aber nicht so ganz. Mutti und Tante arbeiteten in Schichten, und so musste sie allein klarkommen. Damals suchten noch sehr viele Menschen ihre im Krieg oder danach verloren gegangenen Angehörigen über den Suchdienst des Deutschen Roten Kreuzes, so auch Annemaries Mutti. Ich glaube, es war 1955 oder 1956, als sie Nachricht bekam, der Vater sei gefunden und lebe inzwischen im Westen. Oder hatte er sie gefunden?

In den Gesprächen der Erwachsenen drehte sich fortan alles darum, wie es zu bewerkstelligen sei, sich wiederzusehen. Sicher glaubten sie, wir Kinder wären so in unsere Spiele vertieft, dass wir nicht hörten oder verstünden, worum es ging. Aber weit gefehlt! Ich hatte panische Angst, meine Freundin zu verlieren, konnte aber am Vorhaben nichts ändern.

Erst kürzlich war aus dem Nachbarhaus eine Umsiedlerfamilie mit fünf Kindern verschwunden; „abgehauen", wie es damals hieß. Auch mit ihnen hatte ich oft gespielt.

Auch Annemarie fürchtete sich davor, ihrem Vater zu begegnen, den sie ja gar nicht kannte. Schuld waren der Krieg und die Gefangenschaft, in die ihr Vater geraten war. Nach wochenlangem Hin und Her wurde es ernst:

Annemarie musste viermal Unterwäsche und drei Paar Strümpfe übereinander ziehen, unter das reichlich genähte Kleid wurde noch eine Hose gezogen mit passendem Pullover. So war sie reisefertig. Die geplante Republikflucht, so hieß es offiziell, war verboten, und die Familie ließ alles stehen und liegen und ging nur mit einer Reisetasche weg, um nicht aufzufallen. So, wie meine Bocha-Oma in Bischofswerda angekommen war, ging nun meine Freundin weg. Schreiben

Schifahren mit Annemarie.

konnte ich ihr nicht, weil ich noch kein Schulkind war, und Annemarie konnte es schlecht. So habe ich nie mehr etwas von ihr gehört. Meine couragierte Bocha-Oma begleitete die Republikflüchtigen nach Berlin. Dort lebte unsere Tante Gerti, ihre Schwester. Sie wohnte in Berlin-Charlottenburg in einem Gartenhaus. Das hörte sich besser an als „Hinterhaus".

Tante Gerti war als ganz junges Mädchen von zu Hause ausgerissen, um Sängerin zu werden. Das hat sie auch geschafft. Sie heiratete einen Kapellmeister und spielte später in einem der ersten UFA-Buntfilme „Münchhausen" mit Hans Albers mit.

Unser Vater liebte seine Tante, die er, wenn sie sich allein glaubte, „Tschotka" (geschrieben: ciotka) nannte, sehr. Als Kinder durften er und seine Schwester oft die Ferien bei ihr verbringen und auch hinter der Bühne alles genau in Augenschein nehmen. Bei einem dieser Besuche sollen er und seine Schwester Rosemarie sich beim Warten auf die Tante die Köpfe mit Mehl bestäubt haben. Sie wollten auch Perücken haben und lösten das Problem auf diese Weise. Das Auswaschen der „Perücken" war dann wesentlich unangenehmer, weil klebrig!

Reisen in den „Westen"

Tante Gerti besuchten wir ein einziges Mal in Berlin. Das muss ca. 1955/56 gewesen sein. Wohin man sah: Trümmer, Trümmer, Trümmer! Auch die Charlottenburger Wohnung befand sich in einem solchen Trümmerhaus. Öffnete man unvorsichtigerweise eine ganz normal aussehende Zimmertür, war man möglicherweise wenige Sekunden später drei Etagen tiefer. Der Rest des Hauses war einfach weg. Bomben! An Absperrungen dachte keiner. Jeder wusste doch, dass alles kaputt war.

Tante Gerti habe ich in Erinnerung als klein, sehr lebhaft, mit einem braunen Pagenkopf, heute würde man es „Schüttelfrisur" nennen. Sie rauchte ständig, wirklich ständig, überall standen Aschenbecher herum. Tante Gerti trug meist einen seidenen Morgenmantel und Pantoffeln mit einer Fellbommel oben drauf. Das gefiel mir kleinem Mädchen ganz toll. So was hatte sonst keiner, den ich kannte. Einmal meldete sich mein kleiner Bruder und teilte mit, dass er mal müsse. Mutti sagte darauf hin zu ihm: „Dann geh raus!" Sie meinte die Toilette. Er verschwand auch. Einige Zeit später kam Tante Gerti vom Einkauf zurück und hatte den Knirps an ihrer Hand: Er hatte „raus" anders verstanden und war zum Pullern „raus" zwischen die Ruinen gegangen; verstanden wir Dorfkinder unter „rausgehen doch immer: draußen sein, im Freien sein. Ohne Tante Gerti hätte dieses menschliche Bedürfnis ein schlimmes Ende nehmen können! Zum Glück hatte Steffen aber, wie vorher schon oft und auch später immer wieder, einen Schutzengel.

An eine noch früher erfolgte Reise erinnere ich mich eigenartigerweise recht gut. Von Onkel Theo, meinem Patenonkel und Sohn von Opas Schwester Dorothea (Dorle) habe ich ja schon erzählt. Dorthin sollte die Reise gehen. Wir fuhren also von Dresden im überfüllten Interzonenzug bis Hannover. Alle Gänge des Zuges waren vollgestopft.

Auch wir saßen die ganze Zeit abwechselnd auf dem Koffer. Wir, das waren Opa, Mutti und ich. Steffen war noch zu klein, um mitfahren zu können, und Vater musste arbeiten. Der kontrollierende Schaffner musste immer über irgendwas oder irgendjemanden steigen und war verständlicherweise entsprechend genervt. Als er bei uns ankam und Opa ihm die Fahrkarten zeigte, wollte er nicht glauben, dass ich noch nicht vier sei, und Mutti zeigte ihm zum Beweis erst den Ausweis. Erst dann war er überzeugt, und Opa musste keine Strafe zahlen. Aber auch die anstrengendste Fahrt hat irgendwann ein Ende. In Hannover wurden wir Ankommenden von Rotkreuzschwestern mit heißem Kaffee und Kakao empfangen, ich bekam sogar eine Apfelsine geschenkt und durfte mich in eine wollige Decke mummeln. Nach einiger Zeit ging die Reise weiter nach Hildesheim zu meinem Patenonkel, seinen Eltern und weiteren Verwandten – alle Geschwister von Opa, die seit Kriegsende und z. T. schon früher dort wohnten. Opa stammte aus einer großen Familie. Von 13 Kindern wurden neun erwachsen, und alle haben wie durch ein Wunder den Krieg überlebt. Onkel Theo hatte einen Mercedes und holte uns am Bahnhof ab; und ich konnte gar nicht fassen, dass ein Mann so groß sein kann. Wegen seiner Länge hatte er ein speziell für seine Maße angefertigtes Bett.

Am Morgen gab es zum Frühstück jedes Mal ein weich gekochtes Ei, und ich dachte: „Müssen die reich sein!" Noch heute ist ein weiches Frühstücksei der Inbegriff von Schlemmerei und Gemütlichkeit für mich.

Nach dem Frühstück sollten wir natürlich die Umgebung kennenlernen, und ich wurde chic gemacht. Gleich an der Ecke befand sich ein Gemüsestand mit üppiger Südfruchtdekoration. Als ich diesen Überfluss sah, rief ich ganz laut: „Hier wachsen ja die Bananen auf der Straße!" Nun wusste auch jeder, woher wir kamen, und ich wurde von Mutti streng ermahnt, so was nie wieder zu sagen.

Trotzdem blamierte ich die Familie ein zweites Mal. Wir waren auf dem Weg zum Park, um die Schwanenfamilie zu besuchen, als uns englische Soldaten im Schottenrock begegneten. Wieder rief ich, für alle unüberhörbar: „Das ist komisch,

In Hildesheim.

hier tragen ja die Männer Röcke!" Als ich dann noch den ersten dunkelhäutigen Soldaten sah, hielt ich vor Staunen, zur Erleichterung aller, meinen Mund.

Noch heute denke ich gern an diese Reise in den „Westen" zurück. Ich fand alles wunderschön, herrlich und einmalig und wurde von allen nach Strich und Faden verwöhnt. Nachbarn erkundigten sich bei Tante Dorle, wer denn die kleine Irin sei, die zu Besuch ist. Daran waren meine roten Haare schuld.

Als die Erwachsenen abends ausgehen wollten, wurde ich zu Tante Mande (Amanda) gebracht. Sie war die Frau von Opas jüngstem Bruder (17 Jahre jünger als Opa, er wurde geboren, als Opa schon freiwillig Soldat im Ersten Weltkrieg war). Sie freute sich sehr, mich bei sich zu haben, da beide leider keine Kinder hatten.

Onkel Rudolf war Oberst, später Generalmajor der Bundeswehr. Davon hatte ich aber, bis ich ca. 15 Jahre alt war, keine Ahnung.

Damit wir Kinder uns nicht verquatschen konnten, wurde uns immer erzählt, er sei bei der Bundesbahn; wahrscheinlich, weil die auch eine Uniform trugen. Heute weiß ich, dass die

Verschwiegenheitstaktik zwecklos war. Die Stasi hatte es sicher längst gewusst, denn es gab einen regen Briefwechsel zwischen den Brüdern.

Tante Mande erzählte mir Märchen, damit ich einschlafen sollte. Das fand ich sehr spannend, wollte immer mehr und mehr hören und dachte nicht im Entferntesten daran, einzuschlafen. Die arme Tante Mande wiederum wollte mich nicht weinen sehen. Anstatt energisch das Licht zu löschen und „Gute Nacht" zu sagen, saß sie völlig übermüdet noch früh gegen 4.30 Uhr an meinem Bett, als der Rest der Familie nach Hause kam; und ich berichtete, gar nicht müde, von der „tollen Märchennacht".

Nach einiger Zeit besuchten wir, auch in Hildesheim, einen anderen Bruder von Opa. Onkel Horst hatte eine Halbsorbin aus dem kleinen Ort Cunewalde in der Lausitz geheiratet und während des Krieges allerhand Ärger wegen des „Ariernachweises" für seine Frau gehabt. Soviel ich weiß, half damals Onkel Rudolf über einige Klippen hinweg.

Die Jungen Hans, Eberhard, Gunther und Dieter kamen während des Krieges zur Welt. Christine wurde erst ca. 1950 geboren, war also etwa so alt wie ich, und wir konnten prima zusammen spielen. Bei Tante Trude und Onkel Horst gab es ein Kindermädchen, das mit uns hinaus zum Spielen ging und auf uns aufpasste. Auch so was kannte ich bis dahin nicht, und es war neu und kaum fassbar für meinen kleinen Horizont.

Irgendwann endete der für mich absolute Verwöhnurlaub, und wir fuhren wieder nach Hause. An die Rückreise habe ich keinerlei Erinnerungen. Wahrscheinlich war mein Kopf zu voll von all den Erlebnissen bei den vielen Verwandten. Hans und Eberhard kamen später einige Male, als das noch möglich war, mit dem Fahrrad und besuchten ihren Onkel Martin und auch uns. Leider ist auch zu ihnen mit dem Tode meiner Großeltern die Verbindung abgebrochen.

Nachdem ich mehrmals mit den Eltern oder Großeltern von Seifhennersdorf nach Bischofswerda und umgekehrt gereist war, kam die Feuertaufe: Ich durfte die Fahrt allein unter-

Links die Kleine im karierten Mantel bin ich, der Junge mit dem dunklen Kragen ist Günther, daneben mit der hellen Schürze Anne-Ruth.

nehmen. Damals war ich etwa fünfeinhalb Jahre alt. Ich wurde zum Umsteigen in Eibau in S. dem Schaffner übergeben und bekam mit auf die Reise: „Wenn der Zug über das gesprengte Viadukt in Putzkau fährt, kannst du dich anziehen. Dann hält der Zug noch einmal, und dann stehen Oma oder Opa am Bahnhof. Sie holen dich ab." So habe ich es auch gemacht, und es hat immer geklappt. Ich war, bis ich zur Schule ging, sehr oft in B., ging dort sogar in den Kindergarten, weil Oma wollte, dass ich mit gleichaltrigen Kindern zusammen war.

Außerdem half sie stundenweise in Opas Geschäft mit und konnte so nicht auf mich aufpassen. Das war vor allen Dingen oft in der Vorweihnachtszeit der Fall. Damals wurden noch fast alle Oberbekleidungen selbst genäht, Anzüge oder Kostüme nähte ein Schneider. So kam es auch, dass ich manchmal mit zum Stoff-Einkauf nach Dresden fahren durfte und Opa nach dem Einkauf mit mir ins „Bockwursthaus" essen ging (Mitropa). Einmal soll ich sogar zwei Schnitzel verdrückt haben!

War ich in B. und nicht im Kindergarten, spielte ich unglaublich gern mit den Musterstoffen und Resten, die Opa in einer Kiste unter dem Ladentisch aufbewahrte. Dort fand ich Brokatreste, die ich als Teppich für meine Puppenstube verwendete, oder nähte Kleider für meine Puppen aus schönen weichen Stoffen. Gefiel mir ein Stoff gut, merkte das mein Opa meist und fragte mich: „Na, mein Goldkind, hast du einen Wunsch?" Dann schnitt er mir das gewünschte Kleid, die Bluse oder Rock vom Ballen, und Oma ging mit mir zu Frau L., die es dann für mich nähte.

War ich zu Hause in Seifhennersdorf, nähte natürlich Mutti alles, was nötig war, für uns. Fertig gekauft wurde Kleidung so gut wie nie. Wenn ich mit Oma zur Anprobe ging, durfte ich immer mit Anne-Ruth spielen. Oft gingen wir zwei in den Stall zu den Ziegen, die ihr Vater züchtete. Da Oma sehr schlecht sehen konnte (grauer und später auch grüner Star), war es für sie unmöglich geworden, selbst für mich zu stricken. Das erledigte auch Frau L. Weil ich ständig Mittelohrentzündungen und -vereiterungen hatte, achtete Oma streng darauf, dass ich, sobald es kühler wurde, eine Wollmütze und warme Unterwäsche und Strümpfe trug.

Das ist an sich sehr verständlich, bedeutete aber für mich Höllenqualen, weil ich auf Wolle allergisch reagierte und mich halb tot juckte. Auch meine elf Jahre jüngere Schwester verträgt heute noch keine Wolle, und es juckt sie schon bei dem Gedanken daran. Ich bekam also jedes Jahr zwei neue wollene Unterröcke, damit ich etwas zum Wechseln hatte, und einige Wollschlüpfer mit Bein. Das Stück nackte Haut zwischen Schlüpfer und Strumpfende sollte überbrückt werden. Damals trug man noch ein Leibchen mit extra langen Strapsen. Auch die Jungen wurden davon nicht verschont. An diesen Strapsen wurden die langen, oft am Knie gestopften Strümpfe befestigt. Ging einer dieser scheußlichen Strumpfhalter kaputt, nahm man ersatzweise einen Knopf oder Pfennig. Wie beneidete ich da die Bocha-Oma! Sie befestigte ihre Strümpfe nur mit Strumpfbändern. Die Handrich-Oma dagegen trug maßgeschneiderte Korsetts. So was wollte ich nie! Wurden die Ärmel am Pullover zu kurz, zog man Schafwoll-Muffel darunter, damit der Puls warm blieb. Es war eine Tortur! Aber ich wagte nie, dagegen zu protestieren, lieber juckte ich mich tot.

So viel Freiheit wir draußen genießen durften, zu Hause galt:
- Ein Kind hält den Mund.
- Ein Kind spricht nicht ungefragt.
- Ein Kind widerspricht nie.
- Die Erwachsenen haben immer recht.

Sicherlich denke ich auch deshalb heute noch an die schönen Spiele im Freien zurück, für die wir (fast) nichts als Fantasie brauchten. Da ich gerade von der Puppenstube erzählt habe, möchte ich sie näher beschreiben. Meine Großeltern hatten einen hölzernen Rollbrotkasten. Den durfte ich als Puppenstube benutzen. Auch die notwendigen Möbel fertigte ich mir an. Kleine Schachteln wurden Tische und Schränke. Käseschachteln bekamen Räder angeklebt, und ein Viertel wurde weggeschnitten. Nach dem Ausmalen war aus der runden Käseschachtel ein Puppenwagen geworden. Der Hocker für meine Puppenstube bestand aus den runden Gummiverschlüssen der damals handelsüblichen Bierflaschen mit Schnapp-Verschluss.

Ich steckte einfach vier Stecknadeln durch den kleinen roten Gummiring. Fertig war der Hocker. Aus etwas Draht und Hanf vom Klempner entstanden die Püppchen, und Stoff für die Kleidung meiner Puppenkinder fand ich in Opas Wunderkiste genug.

Im Zoo

Im Sommer '55 oder '56 stand für uns ein großes Ereignis an: Wir fuhren mit dem Zug bis in die Bezirksstadt Dresden und besuchten dort den Zoo. Da damals noch kaum Autos unterwegs waren, bedeutete so ein Ausflug eine Tagesreise.

Zoo – das war für uns Tierfreunde etwas ganz Wunderbares und Schönes. Wir konnten uns an all den Exoten gar nicht sattsehen, und es ging somit nur im Zeitlupentempo voran. Wir beiden Kinder gingen so nah wie nur irgend möglich an die Käfige heran, um nur ja nichts zu verpassen. Alles wollten wir ganz genau sehen, um es dann den daheim gebliebenen Freunden berichten zu können.

Plötzlich näherten wir uns dem Käfig mit den Kamelen, und mein kleiner Bruder begann ohrenbetäubend zu schreien. Das nah vor ihm stehende Kamel hatte die Oberlippe hochgezogen und war dabei, wiederzukäuen. Steffen glaubte aber, es sei noch nicht satt und wolle nun *ihn* fressen. Er war nicht zu beruhigen. Vater ging mit ihm zu den Enten, beobachtete dort mit ihm die Wasservögel, und Mutti inspizierte mit mir weiter die vielen Fremdlinge.

Als der Schreck vorüber war, wurde vom Zoo-Fotografen ein Foto von uns Kindern und einem Löwenkind geschossen. Ich weiß heute noch genau, dass der kleine Löwe Josef hieß und sehr müde war. Immer wieder klapperte jemand mit einer Blechbüchse, damit Josef die Augen öffnete und in die Linse sah. Wenn ich mir heute dieses Foto betrachte, finde ich, es war schon ein ganz schön großes Baby, das man uns auf den Schoß gelegt hatte.

Im darauf folgenden Winter ging in der Adventszeit der Weihnachtsmann von Haus zu Haus. Er wurde vom Christkind begleitet. Eines Abends klingelte es auch an unserer Tür, und die beiden standen davor. Nachdem wir beteuert hatten, auch artig gewesen zu sein, und unser Gedicht aufgesagt hatten (meines hatte vier Strophen, Steffens zwei), bekamen wir unsere Geschenke aus dem großen Sack: Apfel, Pfefferkuchen und Nüsse. Als sich Steffen artig bedanken sollte, saß er zitternd auf der Ofenbank in unserer Wohnküche. Der Weihnachtsmann sagte ihm, er brauche doch keine Angst vor ihm und erst recht nicht vor dem Christkind zu haben. Steffen beteuerte zitternd: „Ich habe doch auch keine A–A–Angst, mir ist immer nur so k–k–kalt." Er wollte nicht zugeben, wie sehr er sich fürchtete. Daraufhin wurden die beiden weihnachtlichen Gäste mit je 50 Pfennig und Süßigkeiten belohnt und klingelten bald darauf an der nächsten Tür.

Meine Schulzeit beginnt

Als ich sieben Jahre alt war, hörte ich immer öfter solche und ähnliche Sätze: „Warte nur, bald weht der Wind aus einer anderen Richtung! Dann wird es ernst. Dann ziehen sie dir die Hammelbeine lang." Ich sollte bald zur Schule kommen und beschloss für mich: „Dort geh ich nie, nie hin!" Weil ich den Schulanfang so hasste, habe ich auch keine Erinnerung mehr an meine Zuckertüte oder deren Inhalt. Es war damals in S. üblich, dass alle Schulanfänger samt Eltern, Großeltern und Paten vom „Karl-Liebknecht-Klubhaus" (das gibt es heute noch) zur Schule marschierten. Dort sollten wir dann unsere Zuckertüten bekommen, die Lehrerin kennenlernen und in Klassen aufgeteilt werden. Der gesamte Festzug wurde von der Feuerwehrkapelle angeführt. Alles sollte festlich sein, natürlich auch die Kleidung der Schulanfänger.

7 Jahre

Unsere 1. Klasse, 3. Reihe, 3. von rechts.

Oma hatte von Frau Lehmann aus blauem Cordsamt einen Mantel im Matrosenstil nähen lassen. Er hatte goldene Knöpfe und einen weißen Kragen. Darunter trug ich ein weißes Strickkleid mit Durchbruchmuster. Das war Muttis Werk.

Ich hatte mittlerweile regelrechten Horror vor dem ersten Schultag. Da half auch nicht, dass Vater mich schon oft mit in seine Schule genommen hatte.

Auch bei Sportfesten durfte ich dabei sein und staunte, als unser Vater trotz seiner schweren Kriegsverletzung (seiner „kaputten Knoche", wie er es nannte) auch ohne Wade und Sprunggelenk mit seinen Schülern an den Start ging, stückweise mitlief und sie so anspornte.

Ich behauptete, das sei ja eine ganz andere Schule. Das stimmte auch. Vater arbeitete an einer Berufsschule, und ich sollte erst einmal das ABC und rechnen lernen. Als ich nun merkte, dass alles nichts nützte und ich doch in die dämliche Schule gehen sollte, wo mir „der Marsch geblasen wird", griff ich zum letzten Mittel. Der Festumzug näherte sich immer mehr der von mir so gefürchteten Schule. Wir befanden uns

54

Nach dem Wutanfall wieder zu Hause.

ungefähr 150 m davon entfernt vor der Einfahrt zur LPG. Dort dachte ich: „Jetzt oder nie!", warf mich im weißen Strickkleid auf die Straße und bekam einen fürchterlichen Bock. Ich brüllte und tobte derart, dass ich nicht einmal mitbekam, wo ich mich hingeworfen hatte: mitten in einen Haufen Pferdeäpfel. Eltern, Großeltern, die Gäste der anderen Kinder und die Lehrer waren maßlos schockiert über meinen Tobsuchtsanfall, sodass sie nicht wussten, wie sie reagieren sollten.

Mein sonst immer verständnisvoller Opa handelte. Er hob mich auf und legte mich vor allen Leuten über das Knie. Ich war so überrascht von seiner Reaktion, dass ich augenblicklich aufhörte zu schreien. Damit man die Pferdeäpfelspuren nicht mehr sehen sollte, musste ich den Mantel über das kratzende Kleid ziehen, und es ging hinein ins Schulhaus, vorbei an entsetzt schauenden Kindern, Eltern und Lehrern. Alle anderen freuten sich nämlich auf die Schule, nur ich nicht.

Drin wurden wir alphabetisch geordnet aufgerufen und mussten uns zu zweit aufstellen. Mit A begann kein Familienname. Zu allem Übel war ich auch noch das zuerst aufgerufene

Kind dank meines B im Nachnamen. Ein neuer Schock für mich! Neben mir sollte Margit stehen. So begann eine Schulfreundschaft, die bis heute aktuell geblieben ist. Einige Jahre lang verloren wir uns leider aus den Augen, haben aber nun wieder Kontakt zueinander und besuchen uns regelmäßig.

Ob ich nun wollte oder nicht, ging es nun täglich in die von mir anfangs so gehasste Schule. Unsere Lehrerin Fräulein M. war erst 19 Jahre alt und hatte die Aufgabe, uns 38 Kinder in die Welt des Wissens einzuführen – eine äußerst schwere Aufgabe für die junge, noch unerfahrene Frau!

Es dauerte gar nicht lange, und ich ging gern, sogar sehr gern, in das von mir anfangs so gefürchtete Haus, und das Lernen machte mir riesige Freude. Nie hatte ich einen schlechten blauen Strich unter einer Übung. Meist war er rot, oft fand ich sogar zwei rote Striche. Das bedeutete so viel wie „super". Bienchen und ähnliche Dinge gab es 1957 noch lange nicht.

Nachmittags ging es in den Hort. Dort machte ich meine Hausaufgaben, Mutti arbeitete inzwischen in der Kinderkrippe, und Steffen ging noch in den Kindergarten.

Wem es gelang, sehr sauber die Druckbuchstaben zu schreiben, wurde belohnt. Bald durfte auch ich die gedruckte Bleistiftschrift mit Füller in Schreibschrift überschreiben. Ein riesiger Ansporn! Begann jemand liederlich zu schreiben, ging es wieder zurück zum Bleistift und den Druckbuchstaben. Das wollte ich natürlich nicht und hätte es als Degradierung empfunden. Einige Jungen traf es aber doch, manche sogar 2- bis 3-mal.

Als wir einmal einen Schmetterling falten sollten, wurden farbige Faltblätter ausgeteilt. Ich bekam ein weißes. Bald waren die Tierchen fertig, und wir durften sie im Klassenzimmer zur Probe fliegen lassen. Auch mein Schmetterling war gut gelungen und konnte starten. Da brüllte plötzlich Jürgen S.: „Oh, die Bochnian hat einen Krautscheißer!" Die Klasse bog sich vor Lachen, bei mir flossen die Tränen. Einen schädlichen Krautscheißer (Kohlweißling) wollte ich natürlich nicht haben. Aber Mutti wusste zu Hause Rat. Wir beklebten den „Krautscheißer" mit bunten Punkten, und er wurde wunderschön.

Durch den Schulanfang erweiterte sich auch mein Freundeskreis. Wir besuchten uns regelmäßig, lernten fremde Eltern, deren Meinungen und andere Erziehungsstile kennen. Zu Margit ging ich „gleich über das Feld" und riskierte es, dem Bauern zu begegnen. Der erlaubte das natürlich nicht und jagte uns, wenn er uns erwischte, mit der Peitsche vom Feld. Auch Oma war wegen des zertretenen Getreides strikt gegen unseren Weg über das Feld. Sie drohte uns oft, die Roggenmuhme würde uns holen, weil wir unerlaubt ihr Revier betraten. Die Roggenmuhme ist eine Oberlausitzer Sagengestalt, genau wie die Mittagsfrau, die Querxe, der Pumphut u. v. a. Doch gerade das Drohen reizte uns noch mehr, den verbotenen Weg zu gehen. Es könnte doch sein, dass man vielleicht einmal einen heimlichen Blick auf die Roggenmuhme werfen könnte? Leider haben wir sie nie gesehen.

War das Getreide reif, wurden die Getreidegarben zu Puppen aufgestellt. Das lud uns regelrecht dazu ein, in diesen kleinen Hütten eine kleine „Bude" einzurichten und dort mit unseren Puppen und Freunden einzuziehen. Aber wehe, wenn der Bauer es merkte und kam …! Nach der Ernte wurde gepflügt und das Feld gedüngt. Dazu verwendete man keinen chemischen Dünger, sondern ganz normale Jauche.

Das Jauchefass lag auf dem Wagen, am Ende des Fasses befand sich der Jauchehahn. Beim Erreichen des Feldes wurde dieser geöffnet, und der Inhalt ergoss sich zwecks reicherer Ernte im Folgejahr über den Boden.

Mein Bruder besuchte gern und oft den Bauern Donat und durfte dort überall mittun. Am schönsten fand er es, neben dem Bauern auf dem Bock zu sitzen und die Zügel der Pferde zu halten. Die kannten ihren Weg sowieso und liefen ganz allein nach Hause. An so einem Jauchetag war Steffen wieder beim Donat-Bauern und begleitete ihn aufs Feld. Weil es schon recht kühl draußen war, trug er einen dunkelgrünen Lodenmantel. Das Jauchen faszinierte ihn so sehr, dass er dem Abfluss immer näher kam, um alles genau beobachten zu können. Dem Bauern fiel nichts auf, weil er oben auf dem Kutschbock saß.

Sicher hätte er die Folgen verhindert. Steffen war jedenfalls so an der Sache interessiert, dass er gar nicht merkte, wie er gleich mitgedüngt wurde und der grüne Mantel sich nach und nach braun färbte. Als der Bauer anhielt, um zu vespern, bemerkte er die Bescherung. Aber da war es schon zu spät.

Der Mantel war derart mit Jauche getränkt, dass auch tagelanges Einweichen und mehrfaches Waschen nichts half. Das gute Stück musste nach erfolglosen Reinigungsversuchen entsorgt werden. Als Folge dieser Aktion stank unsere Wohnung ewig lange nach Jauche, und ich bekam Ärger, weil ich nicht besser aufgepasst hatte.

Der Donat-Bauer besaß auch eine Hündin, die schwarze Asta. Jeder im Dorf kannte sie. Weil in der Wirtschaft jede Hand gebraucht wurde, legte die Bäuerin einen Einkaufszettel und das Geld in einen Weidenkorb. Den nahm das Tier ins Maul, und ab ging es um Einkauf zu W.s in den Lebensmittelladen. Dort ließ jeder den Hund vor, Frau W. legte das Gewünschte in den Korb, das Wechselgeld dazu, und ab ging es in Richtung des Donat'schen Hofes. Ich bewunderte Asta sehr wegen dieser besonderen Leistung und wünschte mir sehnlichst auch einen Hund.

Ende der 1950er-Jahre war man sehr bemüht, alle Bauern eines Dorfes in die LPG aufzunehmen. Die Dörfer wetteiferten um den Titel „vollgenossenschaftliches Dorf". In S. wurde dieser Wunsch der Regierung und Partei vom Bauern Donat vereitelt. Sein Hof war tipptopp in Ordnung, gepflegt und schuldenfrei. Er, seine Frau, Tochter und Schwiegersohn arbeiteten vom Morgengrauen bis spät abends, um alles ordentlich im Griff zu haben. Leider machte man ihm das Leben nicht leicht. Seine Arbeit wurde z. B. regelrecht sabotiert. So befand sich zum Beispiel öfter mal die LPG-Kuhherde auf dem Feld mit der gerade aufgegangenen Saat. Der Zaun war „versehentlich" kaputtgegangen u. ä. Beschwerte er sich, bekam er zur Antwort: „Wären Sie LPG-Mitglied, wäre Ihnen so was nicht passiert." So reihte sich Schikane an Schikane. Neben seinem Hoftor befand sich die Milchrampe und dahinter die Tafel mit den amtlichen Bekanntmachungen. Dort konnte man eines

Tages den Spottvers lesen; „Es war einmal ein Bauer D., der wollt' nicht in die LPG ..." Wie der Reim weiterging, weiß ich nicht mehr. Sicher ist nur, dass der Donat-Bauer trotz aller Schikanen Einzelbauer blieb und nie LPG-Mitglied wurde. Denn er wollte nicht miterleben, wie seine sorgsam gehüteten Tiere durch Unverstand und mangelndes Interesse an der Landwirtschaft zugrunde gingen. Das war leider damals oft der Fall. Viele Bauern hatten das Land verlassen, und die Stadtjugend, die mit der Aktion „Stadtjugend aufs Land" geholt worden war, verstand nichts oder nur wenig von Landwirtschaft und Viehzucht. Viele waren schlicht und einfach der besseren Ernährung wegen oder auf Anordnung der Partei aufs Dorf gezogen.

Wir Kinder erlebten selbst mehrfach mit, wie sich der zuständige Tierpfleger betrunken auf die andere Seite wälzte, die Kühe im Stall aber schrien, weil die Melkzeit heran war oder eine Kuh kalben wollte. Gingen wir los, um jemanden zu holen, der helfen konnte, kam die Antwort: „Ist mir doch egal, soll's doch verrecken, das Vieh."

Vor dem Hintergrund kann ich noch heute die Entscheidung des Donat-Bauern verstehen. Sein Hof wird übrigens zurzeit mit Fördermitteln der EU zu einem Begegnungszentrum rekonstruiert, richtig mit Gesindekammer, Kornboden, Ställen, Wohn- und Altenteil. Schade, dass er das nicht mehr erleben kann! Diese Aktion hilft ein ganz klein wenig mit, in der fast ganz ohne Verdienstmöglichkeiten gebliebenen kleinen Stadt Arbeitsplätze zu schaffen. Die Textilindustrie mit ihrer jahrhundertelangen Tradition ist auch in Seifhennersdorf längst gestorben! Leider!

Nachdem ich nun doch mit der von mir so gefürchteten Schule Freundschaft geschlossen hatte, gab es irgendwann ein kräftiges Gewitter, und der Blitz schlug in ein Holzlager der „Pianoforte-Klavierfabrik" (heute wieder „C. Bechstein-Klaviere") ein, und es brannte alles lichterloh. Die Flammen leuchteten hell. Ich stand am Fenster und heulte zum Gotterbarmen, weil ich dachte, meine Schule brenne und ich müsste nun dumm bleiben.

Fernsehnachmittage und Kinobesuche

Fast alle waren wir nun Schulkinder und konnten schnell das Nötigste lesen. Da hatte irgendjemand einen Geheimtipp: Auf unserer Straße wohnten in einer grünen Villa die Eheleute H. Sie hatten zwar keine Kinder, aber etwas ganz Einmaliges: einen Fernseher. Nachdem wir das in Erfahrung gebracht hatten, fand dort jeden Sonnabendnachmittag großes Kindertreffen statt. Wohin man sah: Kinder, Kinder, Kinder. Wir füllten jedes noch so schmale Plätzchen und saßen auf dem Fußboden, dem Sofa, der Hitsche (Fußbank), den Stühlen; überall. 25–30 mögen wir meist gewesen sein. Alle warteten auf Meister Nadelöhr, Meister Briefmarke und den Märchenfilm. Es gab damals nur diese eine Kindersendung. Erst viel später kam Prof. Flimmrich mit Filmen für die Größeren dazu. Die Sendung lief dann montags um 14 Uhr. Während wir fernsahen, freute sich Frau H. über unsere Anwesenheit und unterhielt sich mit uns. Herr H. konnte das nicht ganz so gut. Er hatte aus der Gefangenschaft offene Tbc mitgebracht. Er musste oft aufstehen. Dann spuckte er in die Gosse (Abflussbecken an der Wand) Blut. Kein Mensch, auch nicht unsere Eltern, kamen auf den Gedanken, dass wir uns dort anstecken könnten.

Der blutige Auswurf von Tbc-Kranken ist hochinfektiös. Aber die Menschen hatten so viel Schlimmes erlebt, da hatten sie doch nun keine Angst vor so etwas!

Diese Sonnabende waren uns heilig. Lief „Meister Nadelöhr", war die Straße kinderleer, keiner steckte sich an, und am nächsten Sonnabend gingen wir wieder zu H.s. Wer ließe heute so viele fremde Kinder in seine Wohnung oder in sein Haus?

In den letzten Jahren war ein schönes modernes Kino im Niederdorf in der Nähe des Bahnhofes entstanden. Sonntags bekamen wir jeder 50 Pfennig, mir wurden Schleifen in die Haare gebunden, Steffens Haare mit Zuckerwasser und Spucke befestigt, und dann durften wir ins Kino gehen. Ich kann mich noch gut an „Hatifa", „Die Geschichte vom armen Hassan" und „Die Reise in die Urzeit" erinnern. Auch „Das „tapfere Schneiderlein" und natürlich „Das singende, klingende Bäumchen", „Der kleine Muck", „Das kalte Herz" sahen wir. Damals waren gestrickte Trachtenjacken groß in Mode. Diese Jacken waren, wie fast all unsere Kleidungsstücke, Muttis Werk. Wurde ein Pullover zu klein, riffelte man ihn einfach auf, nahm eine andere passende Wolle dazu und strickte neu. Dank Opas Geschäft konnte mir Mutti auch schöne Kleider und Röcke nähen. Trotzdem wurde auch die BDM-Bluse (Bund Deutscher Mädel = Kinderorganisation der NS-Zeit) meiner Mutter genutzt. Sie bekam neue Knöpfe, und ich trug sie in der Schule. Alle Mädchen hatten über dem guten Schulkleid auch immer noch eine Schürze an, um die Kleidung zu schonen. Kam man nach Hause, wurden die Sachen gewechselt. Trotzdem galt auch hier: Reinkommen − Schuhe aus − Schürze um!

An kühleren Tagen zogen wir unsere grauen Trachtenstrickjacken mit grünen Rändern an. Dazu gehörten natürlich auch passende Trachtenknöpfe; das war damals so in Mode. Eines Tages kam ein etwa gleichaltriger Russenjunge auf uns zu und brüllte völlig aufgebracht: „Faschist, du Faschist", und zeigte dabei immer wieder auf die Trachtenknöpfe. Sicher hatte er das Motiv mit dem deutschen Adler verwechselt. Wir zwei standen da, kämpften mit den Tränen und konnten den Irrtum (noch) nicht aufklären. Russisch lernte man ja erst ab der 5. Klasse.

Pioniere

Kurz vor Weihnachten gab es in unserer Schule ein großes Ereignis: Alle Kinder der ersten Klassen wurden Pioniere. Dieser Tag (13. Dezember) war republikweit der „Pioniergeburtstag". Jede Klasse hatte damals eine Patenbrigade. Das waren in unserem Fall Frauen aus der „Henking" (von dem Betrieb habe ich ja schon erzählt). Aus blauem Schürzenstoff nähten sie für uns Halstücher, die man noch bügeln musste. Im Geschäft oder evtl. bei der Kreisleitung gab es damals keine Halstücher. Die hellblauen, seidigen Tücher wurden erst Jahre später hergestellt.

In einer Feierstunde mussten wir Neulinge versprechen, gute Jungpioniere zu werden und das Vermächtnis von Ernst Thälmann zu erfüllen. Kein Mensch wusste, was ein Vermächtnis ist! Größere Klassen sangen Pionierlieder, die FDJler banden uns die Halstücher um und überreichten jedem von uns den Pionierausweis.

Nun waren wir Pioniere und bildeten uns ein, etwas ganz Besonderes zu sein. So hatte man uns jedenfalls gesagt.

„Pioniere sind fleißig, ordentlich und diszipliniert", „Pioniere helfen sich gegenseitig" (in unserer Klasse gab es bald Brigaden und Lernpatenschaften), „Pioniere halten Freundschaft zu allen Kindern der Welt, besonders zu denen der Sowjetunion" – das waren einige der Gebote der Jungpioniere, nach denen wir fortan handeln sollten.

Morgens begrüßte uns Frl. M. mit dem Pioniergruß: „Für Frieden und Völkerfreundschaft – seid bereit!" Wir hoben die rechte Hand zum Gruß an den Kopf und antworteten: „Immer bereit."

Erst mit Erich Honecker änderte sich die Grußformel in „Für Frieden und Sozialismus – seid bereit!", und die Großen bekamen rote Halstücher. Bis dahin hatten alle blaue.

Bald wurde auch ein Gruppenrat gewählt. Dazu gehörten: ein Vorsitzender, ein Stellvertreter, ein Schriftführer und ein

Wandzeitungsredakteur. Diesen Posten sollte ich übernehmen, weil ich sauber schreiben und gut malen konnte.

Als Wandzeitungsverantwortliche bekam ich nach einiger Zeit den Auftrag, über unseren chronisch zu spät kommenden Mitschüler Dietmar zu schreiben und eine Zeichnung anzufertigen. Die sollte in etwa so aussehen: Ein Junge liegt unter einem dicken Federbett, hat eine Zipfelmütze auf dem Kopf, und auf dem Nachttisch klingelt der Wecker laut. Darüber sollte stehen: „Dietmar, unsere Schlafmütze".

Das Bild habe ich zwar gemalt, mich aber geweigert, es an die Wandzeitung zu hängen. Meine Begründung war: „Wisst ihr denn, warum er immer zu spät kommt? Ich glaube, er muss schon früh mit im Stall helfen, dann schafft er es nicht, pünktlich zu sein."

Ob meine Vermutung zutraf, weiß ich nicht. Jedenfalls hatte ich nun einen Freund mehr und eine ärgerliche Lehrerin.

Mein eigentlicher Freund war aber Christian. Er hatte dunkelbraune Locken. Seine große Schwester war Vaters Schülerin, und seine Mutti arbeitete den ganzen Tag irgendwo. Vater gab es keinen. Der Vater der Schwester war vermisst, Christians Vater unbekannt. Wir beide gingen jedenfalls immer gemeinsam, oft Hand in Hand, zur Schule. Der Weg über die Kuhweide war der kürzeste.

Auch am Nachmittag waren wir – sehr zum Ärger einiger alter Nachbarinnen – oft zusammen. Das gehörte sich nicht. Mädchen hatten mit Mädchen zu spielen.

Christians Familie war auch irgendwoher umgesiedelt und bewohnte im letzten Haus unserer Straße eine winzige Wohnung. Dort konnte man unmöglich spielen, draußen aber umso besser! An eine Begebenheit erinnere ich mich noch sehr lebhaft: Am Heiligen Abend hatte Christians Mutter noch keinen Weihnachtsbaum, wir aber zwei! Mutti hatte einen gekauft und Vater einen im Wald „organisiert". Christian war bei uns zum Spielen und erzählte traurig vom fehlenden Baum. Vater gab ihm einen von uns, wir Kinder schmückten ihn mit Watte, und er wurde wunderschön, auch ohne Kugeln und Lametta.

Stromsperren und Schrottsammeln

In den Wintermonaten kam es häufig vor, dass das Licht ausging: Stromsperre. Deshalb wurde auch immer im Radio angesagt, von wann bis wann die Spitzenbelastungszeiten seien und private Haushalte keinen oder wenig Strom verbrauchen sollten. In jeder Familie waren für diese vorhersehbaren Fälle reichlich Kerzen vorrätig, und wir Kinder fanden die Stromsperren sogar schön. Überall in den Zeitungen konnte man damals ein kleines Teufelchen abgebildet sehen, das an einem Stecker oder einer Stromleitung knabberte. Das war „Wattfraß". Wattfraß galt es zu besiegen, indem man Strom sparte. Dazu hatte jeder beizutragen.

Auch an Stahl mangelte es, um moderne Maschinen herzustellen, war doch fast keine Stahlindustrie in der sowjetischen Besatzungszone vorhanden. Bomberpiloten hatten ganze Arbeit geleistet. Was übrig blieb, wurde abmontiert und als Reparationsleistung in die SU geschickt. So verschwanden dringend benötigte Maschinen und Bahnschienen. Diese waren ebenso wichtig zum Transport der wenigen Güter.

Bald gab es einige neue Hochöfen, die Siemens-Martin-Öfen. Alle, die irgendwie konnten, vor allem wir Kinder, waren aufgerufen, Schrott zu sammeln. Auf Linealen, Wandzeitungen, Schaukästen im Dorf und in Zeitungen sah man einen Hochofen mit einem niedlichen Gesicht. Darunter stand: „Helft alle mit! Martin braucht Schrott." Jeder kannte das geflügelte Wort, und alle wollten bald besser leben.

Über Betriebstoren konnte man lesen: „Wie wir heute arbeiten, werden wir morgen leben! Hilf auch du mit!" oder: „Plane mit, arbeite mit, regiere mit!", „Meine Hand für mein Produkt". Diese Losungen begleiteten uns nun ständig und überall. Wir merkten es gar nicht mehr. Der Wettbewerb mit dem Westen hatte begonnen.

Vorbilder für alle sollten der Bergmann Adolf Hennecke und die Weberin Frieda Hockauf sein. Beide hatten in exakt vorbereiteten Sonderschichten enorm mehr geleistet als üblich und glaubten an die Losungen. Leider wurde ihr Fleiß ausgenutzt und diese Menschen unlauter vermarktet. So hatten sie sich das sicher nicht vorgestellt.

Nun sollte auch unsere erste Klasse „Martin" helfen, seinen Hunger nach Schrott zu stillen. Gemeinsam mit unserer Lehrerin, einigen Müttern, Omas und der Pionierleiterin zogen wir los, um Schrott zu sammeln. Wer hatte, brachte einen Handwagen mit, um unsere Beute aufzuladen. Heute wäre so etwas aus Sicherheitsgründen unvorstellbar. Damals fragte niemand nach irgendwelchen Sicherheiten oder einer Erlaubnis.

Es kam, wie es kommen musste: Christine G. verletzte sich an einem rostigen Teil derart, dass wir Angst bekamen. Das sollte etwas heißen. Wir waren alle nicht zartbesaitet oder ängstlich. Ihre Hand und der Arm bluteten aber auch zu stark. Zum Glück war Margits Oma mit von der Partie. Sie verarztete das Mädchen gekonnt, und weiter ging es auf der Suche nach Schrott für den ewig hungrigen Hochofen „Martin". Auch an Unfallmeldungen oder das Hinzuziehen eines Arztes dachte niemand.

Pionierlager und Gipsbein

Bald ging das erste Schuljahr zu Ende. Ich hatte viel gelernt und freute mich riesig auf die 2. Klasse. Vorher gab es aber noch eine besondere Neuigkeit: Wir durften alle eine Nacht im Pionierlager schlafen.

Heute noch gibt es dieses Lager als Feriencamp „Querxenland" gleich neben dem Waldbad Silberteich. In der Wendezeit war es als Internierungslager vorgesehen, falls es zu Schießereien und Inhaftierungen gekommen wäre. Mein ehemaliger Mitschüler Uli G. ist dort technischer Leiter, und auch unser Klassentreffen fand im „Querxenland" statt.

Doch zurück ins Schuljahr 1957/58: Wir bekamen jeder einen Rucksack mit Verpflegung von zu Hause mit und wanderten los. Es war für viele die erste Übernachtung ohne Eltern. Zwei Mütter und unsere Lehrerin begleiteten uns.

Das Halstuch hatten alle umgebunden, ging es doch in ein Pionierlager. Am Tag badeten und spielten wir ausgiebig. Dann gab es den Abend-Appell und Abendessen aus dem Rucksack.

Anschließend marschierten wir zum Waschraum. In einer Reihe befanden sich rechts und links 40 Wasserhähne mit kaltem Wasser. Warmes Wasser oder Duschen erwartete niemand. Zum Schlafen bekam unsere Klasse ein großes graues Armeezelt aus alten Wehrmachtsbeständen. Die Eingangstür konnte hochgerollt werden. Seitlich war ein mit Stoff „vergittertes" Fenster, den Fußboden bedeckte eine dicke Strohschicht.

Jeder breitete die mitgebrachte Decke aus; und müde, wie wir alle waren, zog bald Ruhe in unserem Zelt ein. Alle schliefen wie die Engel.

Am nächsten Morgen war nach dem Waschen Schlangestehen zum Kämmen angesagt. Fast alle Mädchen trugen lange Haare, und die Mütter und Frl. M. hatten reichlich zu tun, uns alle zu frisieren. Die Mütter zu Hause sollten nichts zu beanstanden haben. Unter geschickten Händen entstanden Kranz-Frisuren, Zöpfe mit eingeflochtenen Bändern und ohne solche, Sahnerollen auf dem Kopf und seitlicher Rattenschwänze, Pferdeschwänze, Affenschaukeln (das sind Zöpfe, die wieder mit dem Ende nach oben gebunden werden) und Dutt-Frisuren. Fast alle besaßen große farbige Haarschleifen, die nicht fehlen durften. Wider Erwarten ging mein Frisuren-Bau ganz

zügig vonstatten. Wegen meiner vielen Locken gab es deshalb zu Hause oft Probleme.

Alles war durch das Toben im Stroh meist enorm verfitzt, und ich hielt beim Entwirren nicht so still, wie sich Mutti das gewünscht hätte. So bekam ich oft morgens den Kamm ins Gesicht, weil es so ziepte, ich wackelte und Mutti wütend und in Zeitnot war.

Das zweite Schuljahr begann, und eines Tages wurde ich während einer Rauferei unserer Jungen recht schlimm am Knie verletzt.

Unsere Schulbänke hatten leicht angeschrägte Arbeitsplatten, seitlich gab es gusseiserne Teile, und dahinter waren die Sitze befestigt. Damals war es noch üblich, bei jeder Antwort an den Lehrer aufzustehen. Stand man auf, klappte der Sitz wie im Kino nach oben, und wir konnten so auch ohne störendes Stühlerücken leicht zur Tafel gehen. Auch das Kippeln im Unterricht war dank dieser Konstruktion unmöglich. Viele, viele Jahre später hatte ich während eines Schulprojektes dieses Aufstehen beim Antworten mit meinen Schülern praktiziert. Sie fanden das cool und super und meinten, so hätte man wenigstens öfter Gelegenheit, sich zu bewegen. Gar nicht so schlecht, diese Feststellung. Vielleicht wäre es eine Überlegung wert? Doch zurück zur Knieverletzung. Die Jungen prügelten sich, ich geriet dabei dazwischen und stieß mit dem Knie gegen besagtes Seitenteil aus Eisen. Das Knie wurde dick und dicker, es entstand ein Bluterguss unter der Kniescheibe, und ich konnte diese auf der Gallertschicht, die sich gebildet hatte, hüpfen lassen. Das fand ich lustig. Wenn nur der Schmerz nicht gewesen wäre! Es wurde auch nach Wochen nicht besser. So fuhren meine Eltern wieder einmal mit mir zum Fachmann: Das war Dr. Drehmann in Görlitz. Er gipste mein rechtes Bein bis zum Knöchel ein, um sicher zu sein, dass ich es auch wirklich nicht belasten konnte und sich der leidige Bluterguss auflöse.

Inzwischen wurde es Winter, und reichlich Schnee war gefallen. Viele Kinder fuhren mit ihren Skiern zur Schule. Das ging natürlich in meinem Falle nicht. Aber ich bekam ein Sondertaxi zur Schule – unseren Schlitten. Wie ich ja schon erzählte, wohnten wir recht weit oben auf unserer Straße, die im Winter zum idealen Rodelberg wurde. Autos, die uns gestört hätten, gab es kaum.

Vater packte mich auf den Schlitten, mein Gipsbein lag lang ausgestreckt bis vorn zur Leine, das andere Bein stand auf den Kufen, und ab ging die Rodelpartie zur Schule. Der Schnee lag lange und reichlich, und ich hatte vier Wochen lang meine morgendliche Rodelpartie. Nachmittags holte mich Mutti vom Hort ab und zog den Schlitten mit mir bergauf.

Als der Schnee wegschmolz, kam endlich auch der Gips ab. Langsam hatte ich es auch satt, immer mit dem steifen Bein herumlaufen zu müssen. Die Haut darunter juckte entsetzlich, und ich trug stets eine lange Stricknadel von Mutti und ein 50 cm langes Lineal bei mir. Diese Dinge schob ich in den Gips, wenn es gar zu unerträglich krabbelte. Das erste Vollbad ohne Gipsbein war wundervoll! Ich genoss es ausgiebig und wunderte mich sehr, dass die Haut überall abging. Das war nun schon das zweite Mal, dass eines meiner Beine neue Haut bekam.

Die Kuhweide gegenüber von unserem Haus, hinten die Quetsche.

Bald konnte ich mich wieder uneingeschränkt bewegen, und die Besuche zu Freunden und Freundinnen standen wieder auf dem Programm. Für unsere Spiele hatten wir ein neues Domizil entdeckt. Es handelte sich um eine alte, verlassene Laube (glaubten wir). Jeder brachte von zu Hause irgendetwas Brauchbares mit, und wir statteten die neue Behausung mit Tellern, Löffeln usw. aus. Sogar alte Gardinen und einen Blumentopf gab es. Bald wurde unser Einrichtungseifer aber gebremst: Die Laube gehörte zur Gärtnerei.

Als das Wetter wieder schöner wurde, frühstückten die dort angestellten Arbeiter in der Hütte und bemerkten die inzwischen stattgefundenen Veränderungen. Wir mussten unsere Schätze einpacken und wurden weggejagt.

Unsere Eltern erhielten eine Information über unser Tun. Das war einfach. Jeder kannte doch jeden. Unser Siedlerdasein fand also ein sehr plötzliches und für die meisten von uns auch recht schmerzhaftes Ende durch eine Tracht Prügel zu Hause.

Raupeninvasion

Im Zusammenhang mit dieser Gärtnerei erlebten wir ein einmaliges Phänomen: Eines Tages waren die Blumenkohlköpfe wegen starken Raupenbefalls behandelt worden. Es klingt unglaublich, ist aber wirklich wahr: Die weißen Raupen bewegten sich wie ein Teppich vom Feld weg auf unsere Wohnhäuser zu. Es waren nicht Hunderte, sondern viele, viele Tausende! Sie krochen die verputzten Wände hinauf und gelangten sogar durch offene Fenster in einige Wohnungen. Die Frauen standen am Fenster und unten im Hof und kehrten die Invasion mit dem Besen von den Wänden. So etwas habe ich nie wieder erlebt. Es erinnert etwas an die Heuschreckenplage in anderen Ländern. Es war unvorstellbar. Und es wurden immer mehr! Am nächsten Morgen fanden wir sogar noch einige überlebende Tiere zwischen den Ritzen der damals dreiteiligen Bettmatratzen.

So plötzlich, wie die Biester gekommen waren, waren sie auch wieder verschwunden. Niemals mehr erlebten wir einen derartigen Überfall. Noch heute weiß ich nicht richtig, was damals eigentlich los war.

Ich hatte inzwischen meinen Aktionsradius erweitert und besuchte gelegentlich auch andere Kinder meiner Klasse, die nicht ganz so nah wohnten wie Christian oder Margit. Der Umgang mit meiner neuen Freundin, auch ein Kind aus unserer Klasse, wurde aber nicht ganz so gern gesehen. Auch sie hatte, wie viele der älteren Kinder, keinen Vater. Für die Erwachsenen gab es aber einen beachtlichen Unterschied. Die Väter der Älteren waren gefallen, vermisst oder in Gefangenschaft gestorben. Das Mädchen hatte aber keinen Vater. Die Erwachsenen sprachen von einem „Fehltritt". Ich verstand den Unterschied nicht, wollte es auch gar nicht. Vater oder kein Vater – es war meine Freundin, und sie war nett.

So engstirnig dachte man damals noch, und bei jeder, nun häufiger in der Nachbarschaft stattfindenden Hochzeit fragte man: „Müssen die heiraten?" (übersetzt: „Ist ein Kind unterwegs?"), denn dann musste schnell geheiratet werden, damit ja keine Schande über die Familie kam. Ob es auch immer der Richtige war, interessierte nicht.

Zwei ganz verschiedene Helden

Bei meinen nun auch häufiger werdenden Einkaufstouren führte mich der Weg auch oft an der „Drachenburg" vorbei. Den Namen hatten wir Kinder dem Gebäude gegeben. Das Haus faszinierte mich maßlos.

Es stand in einem parkähnlichen Garten, hatte schmiedeeiserne Tore, war rot verklinkert, und an der Fassade sah man die Skulptur von Siegfried, dem Drachentöter. Zu seinen Füßen lag der besiegte Drache. Die Siegfried-Sage kannte jedes Kind, und wir ersannen uns immer wieder neue spannende Geschichten um diesen (fast) unbesiegbaren Helden. Vor 1945 wohnte der Besitzer einer Textilfabrik dort. Später war, soweit ich mich erinnere, eine Arztpraxis oder Anwaltskanzlei im Haus ansässig. Den Rest des Hauses bewohnten Familien. Zu gern hätte ich den tapferen Siegfried mal ganz nah in Augenschein genommen – daraus wurde aber nie etwas.

Im Gegensatz dazu lernten wir in der Schule andere Helden kennen, so auch im Lied vom kleinen Trompeter (Fritz Weineck war KPD-Mitglied und Mitkämpfer von Ernst Thälmann). Wenn das Lied als Morgenlied gesungen wurde, hatte ich immer mächtig mit meinen Tränen zu kämpfen. Der Text ging folgendermaßen:

„Von all uns'ren Kameraden
war keiner so lieb und so gut
wie unser kleiner Trompeter,
ein lustiges Rotgardistenblut.

Wir saßen so fröhlich beisammen,
nach einer so stürmischen Schlacht.
Mit seinen Freiheitsliedern
hat er uns so glücklich gemacht.

Da kam eine feindliche Kugel
bei einem so fröhlichen Spiel.
Mit einem so seligen Lächeln
unser kleiner Trompeter, er fiel.

Da nahmen wir Hacke und Spaten
und gruben ihm morgens ein Grab.
Und die ihn am liebsten hatten
die senkten ihn stille hinab.

Schlaf wohl, du kleiner Trompeter,
wir waren dir alle so gut.
Schlaf wohl, du kleiner Trompeter,
du lustiges Rotgardisten-Blut."

Gesungen wurde das Ganze nach der Melodie des Horst-
Wessel-Liedes der Nazis. Vielleicht mochten es deshalb einige Lehrer besonders. Auch damals gab es schon Leute, die ihr
Fähnlein nach dem Winde hängten. Heute sagt man „Wende-
hälse" dazu.

Noch heute bin ich der Meinung, ein Morgenlied sollte
fröhlich und kurz sein und nicht wie diese lange Ballade, die
sicher nicht nur mich traurig machte.

Ein Unfall mit Schutzengel

Nun war wieder ein Schuljahr um, und ich lernte inzwischen schon in der dritten Klasse.

In den Winterferien besuchten wir alle wieder, wie immer, die Omas und Opa in Bischofswerda. Langsam neigten sich die damals noch drei Ferienwochen dem Ende zu, und es ging allmählich ans Kofferpacken und Abschiednehmen. Weil man damals alles noch mit Kohle heizte, nahmen meine Eltern zu Recht an, die Wohnung in Seifhennersdorf sei sehr ausgekühlt. Vater hatte sowieso eher einen dienstlichen Termin und fuhr bereits einen Tag voraus, um alles schön durchzuheizen. Wenn wir dann nachkämen, sollte es gemütlich sein. Steffen wollte ihn begleiten und durfte das auch.

Am nächsten Tag stand Vater ohne meinen Bruder am Bahnhof. Auf Muttis Frage, wo er denn sei, bekamen wir eine fürchterliche Antwort: „Steffen ist zwischen Ebersbach und Neugersdorf aus dem Zug gefallen." Mutti und auch ich glaubten an einen sehr schlechten Scherz. Aber es stimmte leider. Diesmal war wieder der schon erwähnte Schutzengel sehr wachsam gewesen. Die ganze Geschichte hatte sich folgendermaßen ereignet: In den damals verkehrenden alten Zügen konnte man die Fenster mittels eines Lederriemens hoch- und runterlassen. Steffen bekam extra einen Fensterplatz, damit die Fahrt (damals etwa drei Stunden) nicht langweilig werden sollte. Während der Fahrt rollte er diesen Lederstreifen immer auf und ab, immer auf und ab.

Höchstwahrscheinlich hatte irgendein zugestiegener Fahrgast die Tür nicht ganz richtig geschlossen. In einer Außenkurve öffnete sie sich plötzlich, und Steffen, der sich instinktiv am Lederband festklammerte, wurde hinausgetragen. Vater soll wie gelähmt gewesen sein. Ein anderer Fahrgast zog die Notbremse, und nach einer langen, für Vater unendlich dauernden Zeit kam der Zug endlich zum Stehen. Alles wurde abgesucht, auch unter den Rädern nachgesehen. Jeder rechnete mit dem

Schlimmsten. Von Steffen keine Spur. Am Ende stieg Vater ganz verzweifelt und hoffnungslos auf die Plattform des letzten Waggons und sah nach hinten. Da entdeckte er einen leuchtenden Punkt weit hinten im Schnee. Es war das rot karierte Hemd, das mein Bruder damals trug.

Der kleine Kerl war bewusstlos, hatte viele Hautabschürfungen, vor allem im Gesicht, schien aber äußerlich unverletzt. In der Panik nahm Vater aber an, er sei tot. Oft hat er uns von dieser Schreckensstunde erzählt.

Der inzwischen eingetroffene Krankenwagen brachte den Unglücksraben nach Ebersbach ins Krankenhaus. Das Röntgen ergab: keine Brüche! Die Schneedecke hatte den Aufprall abgefedert, und auch die darunter liegende Wiese wie eine Matte funktioniert. Die Ärzte befürchteten allerdings, es könnten innere Verletzungen vorhanden sein. Ultraschall existierte in dieser Zeit noch nicht einmal in den kühnsten Träumen der Mediziner.

Es hieß also: beobachten und abwarten. Steffen sollte mindestens eine Woche im Krankenhaus bleiben. Am dritten Tag sagten die Ärzte zu meinen Eltern: „Nehmen Sie Ihren Sohn wieder mit! Ihm fehlt ganz sicher nichts. Er benutzt das Bett als Trampolin und die Bettdecke als Bodenmatte."

Wir alle waren wie erlöst! Nun hatte ich meinen Bruder wieder. Die drei Tage ohne ihn waren mir endlos erschienen.

Steffen turnte und kletterte zu allen möglichen und unmöglichen Zeiten. Später kam er an die Kinder- und Jugendsportschule nach Dresden in die Turnerklasse. Dort blieb er, bis ihm die Achillessehne einen Strich durch die Rechnung machte. Schade!

Im Sommer desselben Jahres besuchten wir meine sechs Jahre ältere Cousine (Günthers Schwester) im Pionierlager. Sie war in meinen Augen schon eine richtige Dame und besaß sogar einen Petticoat, ein Geschenk von Tante Gerti aus Berlin. Als uns Doris sah, brach sie in Tränen aus und stammelte immer wieder: „Onkel Heiner (nur sie und Günther nannten Vater so), holt mich hier raus! Ich bleibe nicht hier. Hier ist es furchtbar." Sie hatte schlimmes Heimweh und verkraftete den Drill, die Appelle, die der Wehrerziehung dienenden Orientierungsläufe und Geländespiele schwer.

Das Herausholen war nun nicht machbar. Wir besuchten sie aber recht oft dort, und so wurde der Aufenthalt im Pionierlager für sie erträglicher.

Angewandte Physik und verschiedene Speisen

Von einem Gewitter mit Folgen berichtete ich schon. Auch ein anderes Gewitter ist mir lebhaft in Erinnerung geblieben: Zu meinen Aufgaben gehörte es zunehmend mehr, die Einkäufe zu erledigen. Besonders Milch holte ich gern. Sie wurde mit Messbechern in unsere Milchkanne geschöpft. Diese war blau-weiß emailliert und hatte einen grauen Henkel mit Holzgriff. War man nicht allzu ungeschickt, konnte man praktisch die Fliehkraft der Physik testen.

Wir schleuderten die Kanne sehr schnell im Kreis nach oben und achteten darauf, dass der Spaß nicht ausgerechnet dann zum Stehen kam, wenn sich die Kanne mit dem Deckel nach unten ganz oben befand. Dann konnte es passieren, dass sich aller Inhalt der Kanne auf die Straße ergoss. Eine Tracht Prügel war das Mindeste, was den Übeltäter erwartete. Soweit ich mich erinnere, ist mir das aber nie passiert, weil ich mich nicht ungeschickt anstellte.

Während so einer Milchholerei zog ein kräftiges Gewitter auf, und ich wusste, bei Gewitter stellt man sich unter. Dafür fand ich einen für mich hervorragenden Platz. Neben der „Krone", von der ich schon erzählte, war die katholische Kirche. An der Dachrinne der Kirche fehlte in ca. drei Meter Höhe das Fallrohr. Unter diese praktische „Dusche" stellte ich mich, fand das Ganze herrlich, vom lauwarmen Regen gewaschen zu werden, und wartete dort in vermeintlicher Sicherheit das Gewitter ab. Als alles zu Ende war, machte ich mich auf den Heimweg. Zu Hause angekommen, war die Milch natürlich sauer, also wurde sie in ein Leinenbeutelchen gegossen und über das Waschbecken gehängt. Nach zwei Tagen konnten wir frischen Quark essen.

Für mich blieb diese Wasserrohraktion nicht so einfach ohne Folgen. Ich bekam wieder mal den Hintern voll und durfte nicht lesen. Das war inzwischen eine meiner Lieblingsbeschäftigungen geworden. Oft vergaß ich darüber aber auch meine Pflichten. Deshalb verkroch ich mich häufig mit dem Buch aufs Klo. Eine Viertelstunde ungestörtes Lesen war meist sicher.

Das Klo habe ich aber noch wegen einer anderen Sache in sehr unliebsamer Erinnerung: Weil es billig war und man auch keine Marken abzugeben brauchte, gab es häufig zu Hause Herz und Lunge süß-sauer. Wir aßen eigentlich immer, was auf den Tisch kam. Vaters Devise war: „Was die Mutter kocht, kann man essen." Mäkeln gab es grundsätzlich nicht oder irgendwelche Extra-Würste. Bei jedem Essen konnte ich mit dieser Devise leben, nur nicht bei diesem Gericht. Heulend saß ich vor meinem Teller und brachte keinen Bissen hinunter. Waren die anderen fertig, nahm Mutter meinen Teller, und ich musste auf dem Klo weiteressen. Was nicht alle wurde, gab es am Abend oder dem nächsten Tag aufgewärmt wieder vorgesetzt. Sicher spielten dabei die Erinnerungen an die schlechten Jahre eine große Rolle. Für mich war es die blanke Qual. Niemals wäre ich aber auf die Idee gekommen, alles ins Klo zu werfen! Es hätte mir auch wenig geholfen. Man hätte jederzeit sehen können, wo es geblieben war. Wie praktisch wäre da eine Wasserspülung gewesen!

Noch heute kann ich diese Speise nicht essen und habe sie deshalb auch noch nie gekocht.

Neue Nachbarn

Nachdem K.s (unter uns) ausgezogen waren, bekamen wir in unserer Nachbarwohnung bald neue Nachbarn; dort, wo früher meine Freundin Annemarie gewohnt hatte. Die Familie hatte zwei große Töchter und kam aus Ostpreußen. Tante Frieda war sehr korpulent, Onkel Fritz schlank und drahtig. Die älteste Tochter Rosalinde hatte schon einen Freund, lernte Sekretärin und war das absolute Gegenstück zu ihrer Schwester Adelheid. Diese interessierte sich für Fußball. Das ging so weit, dass sie „ihre Jungs" regelmäßig auf dem offenen Lkw zu den Spielen begleitete, wohl wissend, dass es jedes Mal eine Tracht Prügel mit Vaters Gürtel gab, wenn sie zu Hause eintrudelte. Frieda benähte und bestrickte ihre beiden Töchter nach der neuesten Mode. Adelheid bekam sogar einen West-Petticoat. Sie sollte sich endlich wie ein Mädchen benehmen. Aber mit neuem Petticoat oder Ballonrock ging es wieder zum nächsten Spiel. Die Fortsetzung hörten wir in unserer Wohnung dann immer durch das Küchenabfluss-Hör-Rohr.

Adelheid und ich übten damals fleißig „Geheimsprache". Das war nichts anderes, als die Wörter rückwärts zu lesen. ANITRAM = MARTINA, DIEHLEDA bedeutete Adelheid. Auch hier war es wieder so: Der Altersunterschied spielte absolut keine Rolle, ganz anders als heute.

In dieser Zeit suchte Heinz Quermann in der ganzen DDR nach jungen Talenten, und auch im Karl-Liebknecht-Haus fand eine „Herzklopfen kostenlos"-Veranstaltung statt. Adelheid hatte sich als junges Talent angemeldet – natürlich ohne Wissen ihrer Eltern und Schwester. Sie sang „Marina, Marina, Marina …", ein Schlager, der damals in aller Munde war. Als Preis erhielt sie einen kleinen Berliner Bären und wieder viel Ärger, weil es sich nicht gehörte, dass sich ein Mädchen so öffentlich präsentierte.

Eine weitere Anekdote ist mir in Erinnerung geblieben: Adelheids Eintrag in mein Poesie-Album. Die Büchlein machten die Runde, und jeder, der es bekam, schrieb einen mehr oder weniger sinnvollen Spruch ein. Ihrer lautete: „Sei wie ein Veilchen im Moose still, sittsam, bescheiden und rein, und nicht wie die stolze Rosie (ihre Schwester), die immer bewundert will sein." Das, was sie nicht schaffte zu sein, wünschte sie mir.

Trotz der Differenzen zwischen Adelheid und ihren Eltern war ich liebend gern dort, sah dort fern (wir hatten noch keinen Fernseher) und fuhr sogar später in den Ferien zu Besuch.

Wurde es Zeit zum Schlafen, sagte Tante Frieda in ihrer ostpreußischen Aussprache: „So, Jette, jetzt gehst du ins Bette."

Wollte ich noch nicht so recht: „Nichts wird, Marjellche ..."

Diese raue, aber sehr herzliche Art mochte ich sehr. Herr B. besaß ein Motorrad. Das war ein sehr altes Modell. Der Beifahrersitz war deutlich höher als der Fahrersitz. Frieda hatte extra für Touren über Land einen Hosenrock für sich genäht, denn sie wollte auf keinen Fall beim Aufsteigen aufs Motorrad irgendjemandem irgendwelche Einblicke gestatten. So anders war damals die Zeit!

Alles wird anders

Anfang März 1961 kam ein ganz wichtiger Brief bei uns an. Wenn es noch aktuell sei, dass wir Seifhennersdorf verlassen wollten, gäbe es einen interessierten Tauschpartner in Bischofswerda. Die Tauschwohnung: Bischofswerda, Altmarkt 11, zweieinhalb Zimmer, Küche, Klo im Treppenhaus, kein Bad. In S. hatten wir zwar kein Wasserklo, aber eine Badewanne und Badeofen.

Bedingung: Umzug innerhalb von drei Tagen. Mutti war hochschwanger, Vater in Karl-Marx-Stadt, aber eine Entscheidung musste her. Mutti entschied: Umzug!

Da das Baby bald erwartet wurde, hatte Mutti unseren Korb-Kinderwagen zum Maler gebracht: Man kaufte damals nicht für jedes Kind einen neuen Wagen, sondern der alte wurde vom Boden geholt, neu gestrichen und war wieder einsatzbereit. Zusammen mit Adelheid holten wir also das Gefährt ab, setzten Steffen hinein, und heim ging es. Das ist eine meiner letzten Erinnerungen an Seifhennersdorf.

Stadtansicht

Wir verstanden die Welt nicht mehr. Alles war auf einmal weg! Früher verschwanden schon häufig Menschen, die für mich ganz wichtig waren. Jetzt war mit einem Mal alles weg! Kein Wald, keine Felder, keine Tiere, erst recht keine Freunde und netten Nachbarn, zu denen man fast dazugehörte. Es blieb auch keine Zeit, sich ordentlich zu verabschieden. Über Nacht war plötzlich *alles* anders. Es gab nicht mal einen Hof oder Balkon, nur einen Lichtschacht. Zum Spielen musste man nun an den Kirchplatz gehen. Zum Glück gab es die Großeltern und ihren Garten.

Kaum war die Wohnung fertig, kam meine Schwester am 19. März 1961 zur Welt und entschädigte mich durch ihre Anwesenheit. Ich war total vernarrt in sie, und auch Steffen liebte sie innig. Er zahlte zehnpfennigweise einen Plüschhund im Spielzeugladen „Lehmann" ab. Das hat Monate gedauert. Ich glaube, zum 1. Geburtstag hatte er das meiste abgestottert. Den Rest gab Opa dazu, als er davon erfuhr.

Steffen war genauso unglücklich über den Umzug wie ich. Eines Abends, als wir schon lange im Bett lagen, aber nicht

Unsere Schwester Iris ist da!

schlafen konnten, fragte er mich: „Kommst du mit? Ich bleibe nicht hier. Ich gehe wieder zurück nach S. zu meiner Frau Schutte." (Das war seine Lehrerin.) Auf meine Frage, wie er das machen wollte, wir hätten doch kein Fahrgeld, antwortete er mir: „Das habe ich mir schon überlegt: Wir gehen immer die Schienen entlang. Du wirst sehen, wir kommen an!" Wir sind dann nicht weggelaufen, wussten wir doch nicht, welche Schienen nun die richtigen waren. Auch unsere kleine Schwester hätten wir sehr schmerzlich vermisst.

Mobbing, ein neuer Lehrer und ein Wandertag

War schon der plötzliche Umzug schrecklich, erwartete mich in Gestalt meiner Mitschüler eine neue Herausforderung. Äußerungen wie: „Wie heißt du? So einen bekloppten Polacken-Namen merkt sich doch kein Schwein!", waren noch geschmeichelt. Weiter ging es um meine Haare und meine vielen Sommersprossen: „Haare wie ein Feuermelder, da muss man nur reinschlagen …", „Wenn ich die mit den roten Loden (Haare) schon sehe …" So ging es tagtäglich, und auch viele Lehrer waren nicht besonders nett. Vor allem die Mädchen trieben es ganz toll. Sie befürchteten wohl, ich könnte ihrer Klassenspitzenposition gefährlich werden. Damit hatten sie, was die Leistungen betraf, nicht ganz unrecht. Die Jungen registrierten mich als Neuankömmling gelassener und waren mir gegenüber friedlich gesinnt.

Ich brauchte geraume Zeit, mir ein dickes Fell wachsen zu lassen. Jahre später hatte ich eine Strategie entwickelt. Da unser Name immer wieder Anlass zu Sticheleien gab („Bochnia – poch mich ma!" und Ähnliches) und fast nie richtig geschrieben wurde, sagte ich: „Bochnia wie die Stadt in der Nähe von Krakau. Guck auf der Karte nach, dann weißt du, wie ich heiße!" Ein polnisches Schiff mit unserem Namen gab es auch.

Erst nach der Wende erfuhr ich, dass die gesamte Stadt Bochnia – etwa so groß wie Bautzen – während der NS-Zeit zum Getto erklärt worden war und man die Menschen von dort ins nicht weit entfernte Auschwitz transportiert hatte.

Auf Anhieb mochte ich meinen neuen Klassenlehrer. Er hieß „von Zitzewitz" und gehörte dem alten baltischen Adel an. Herr von Zitzewitz war ca. 1,70 m groß und blond. Er unterrichtete unsere Klasse in Deutsch und Biologie. Das hinderte ihn aber keinesfalls, uns viele interessante Dinge aus der Geschichte und anderen Stoffgebieten nahezubringen. Er achtete auf eine gute Allgemeinbildung, ganz gleich, ob das die Literatur, die Schlacht im Teutoburger Wald, Pflanzen des Waldes oder die Grammatik betraf. Heute nennt man das fächer-verbindenden und fachübergreifenden Unterricht. War unser Lehrer in der Nähe, gab es keine Stänkereien. So etwas duldete er nicht. Herr v. Zitzewitz. besaß ein sehr tolles Auto – einen Holzgaser, der vorn angekurbelt werden musste, um loszufahren. Das war was, vor allem für unsere Jungen! Mit seiner Familie wohnte Herr v. Zitzewitz. in einem Teil der enteigneten Fabrikantenvilla „Buschbeck und Hebenstreit", später „VEB Fortschritt"-Landmaschinen. Im Haus hatte man mehrere Wohnungen für zugezogene Familien abgeteilt. Zur Familie meines neuen Klassenlehrers gehörten drei Söhne. Kurz nachdem ich als Neue zur Klasse gekommen war, gab es einen Wandertag, der uns nach Dresden führen sollte. Ausflug und Dampferfahrt waren sehr schön, und ich hatte auch einigermaßen Ruhe vor meinen Mitschülerinnen. Bis zur Abfahrt des Zuges gab uns Herr v. Zitzewitz noch etwas Freizeit, die wir innerhalb des Bahnhofs nutzen durften. Ich setzte meine 50 Pfennig Taschengeld in einen neuen Schnuller für meine kleine Schwester um und war nun der Meinung, es sei Zeit, zum Treffpunkt zu gehen. Entweder habe ich ¼ mit ¾ verwechselt oder die Mädchen haben mich ausgetrickst; ich weiß es bis heute nicht. Am Treffpunkt war jedenfalls niemand!

Ich heulte wie verrückt, hatte keine Fahrkarte (die war ja als Sammelfahrschein beim Lehrer) und auch kein Geld, mir eine zu kaufen.

Als ich so mutterseelenallein dort stand und meine Hoffnung, je wieder zu Hause anzukommen, immer mehr schwand, sprach mich ein Mann an und erkundigte sich nach dem Grund für meine Heulerei.

Nachdem ich schluchzend von meinem Missgeschick berichtet hatte, machte er mir Tierfreundin einen, wie ich meinte, super Vorschlag: Er hätte noch viel Zeit, und wir könnten doch erst mal in den Zoo gehen. Dort gebe es so viele süße Tierbabys, die würden mir bestimmt gefallen. Dann ginge sein Zug, denn er müsse auch in meine Richtung fahren, also könnten wir doch gemeinsam erst Freude haben. Und ich

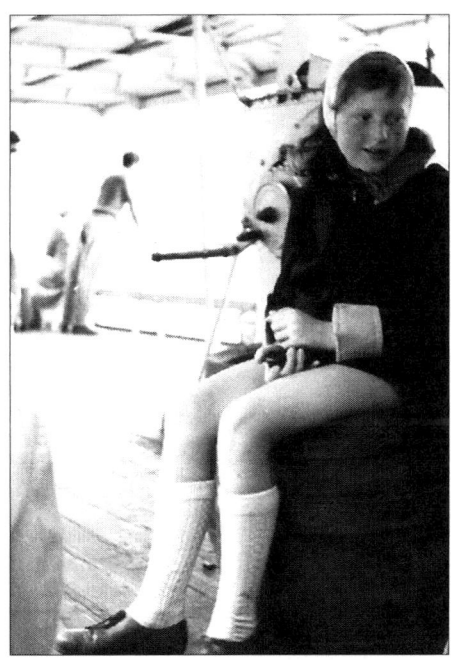

Der verhängnisvolle Schulausflug
nach Dresden, hier auf dem Dampfer.

Riesenross glaubte ihm! In Seifhennersdorf hatte es niemanden gegeben, vor dem Kinder gewarnt werden mussten.

Inzwischen stand Mutti in Bischofswerda am Bahnhof, um
mich abzuholen. Alle kletterten fröhlich aus dem Zug – nur
ich nicht. Herr v. Zitzewitz hatte zu diesem Ausflug einen seiner Söhne mitgenommen, die Klasse auch durchgezählt, aber
nicht bedacht, dass es ein Kind mehr sein müsste als üblich.
Nun waren also der Schreck und die Aufregung riesengroß!
  Der Fahrdienstleiter rief sofort die Bahnpolizei in Dresden an und gab folgende Fahndung durch: rote Haare, Pfer-
deschwanz, Sommersprossen, leuchtend gelber Campingbeutel
mit schwarzen Chinesen als Muster, weiße Kniestrümpfe und
kurze Lederhose. Die Bahnpolizei schwärmte aus und fand

mich auch. Der „freundliche Mann" war gerade mit mir an der Hand dabei, den Bahnhof zu verlassen. Auf einmal hatte er keine Zeit mehr, angeblich auch seinen Ausweis nicht dabei und wollte wegen seines Zuges, den er sonst verpassen würde, auch nicht aufgehalten werden … Es stellte sich heraus: Dieser Sexualverbrecher wurde schon lange gesucht, die Handschellen klickten, ich wurde dem Schaffner des nächsten Zuges übergeben und reiste ohne Fahrkarte im Dienstabteil nach Hause. Mutti war froh, dass alles so glimpflich abgegangen war, Herr v. Zitzewitz drückte mich mit Tränen in den Augen immer wieder, und ich war auch erleichtert.

Das erste Mal hatten mir meine roten Haare einen sehr guten Dienst geleistet. Ohne ihre Leuchtkraft wäre alles vielleicht nicht so harmlos zu Ende gegangen. Jahre später erzählte mir Herr v. Zitzewitz, dass er immer ganz besonders auf mich aufgepasst habe. Das wäre aber nicht nötig gewesen. So dumm ist man nicht zweimal.

Noch heute zähle ich ständig meine Schüler, wenn wir irgendwo unterwegs sind. Manchmal werde ich deshalb auch etwas belächelt, aber der Schreck war doch zu groß damals. Herr v. Zitzewitz fuhr trotzdem weiter mit uns weg, auch in die Jugendherberge ins Erzgebirge nach Zinnwald. Das waren fünf schöne Tage für uns alle. Wir wohnten im „Alten Raupennest" und besuchten auch die „Galgenteiche". Unsere Jungen übten einen „Buschtanz" ein, den sie uns im Wald vortanzten. Sie fassten sich an den Schultern, stampften mit den Füßen im Takt und sangen: „Humba, humba, wir sind Neger von dem Stamm der Hosenträger …" Mit diesem Gesang stießen sie aber bei unserem Lehrer auf keine Gegenliebe. Herr v. Zitzewitz verabscheute alles Rassistische. Er beendete den Spuk, und es ging zurück zur Herberge.

Ferien in der Sächsischen Schweiz

In den nun folgenden Sommerferien wurde ich zu Bekannten nach Papstdorf in die Sächsische Schweiz eingeladen. Dort machte ich, modern ausgedrückt, Ferien auf dem Bauernhof. Die Gastgeber hatten zwei etwa gleichaltrige Mädchen, und es gefiel mir dort sehr. Der Großvater der Kinder war gemeinsam mit meinem Opa am Kriegsende in Richtung Heimat unterwegs gewesen. Am Tage hielten sie sich im Wald versteckt, nachts näherten sie sich Stück für Stück der Heimat.

Bis Bad Schandau hatten es die beiden schon geschafft! Dort liefen sie einer betrunkenen russischen Streife in die Arme. Opa hatte seinen Ehering in einem Taschentuch eingeknotet und die ganze Zeit über bei sich getragen. Dieser wurde nun gefunden und ihm abgenommen. Nun sollte Opas Freund eine Uhr abgeben, die er längst nicht mehr besaß, auch einen Ring o. ä. hatte er nicht mehr. Darüber wurden die Russen so wütend, dass sie ihn unter einen Brückenbogen an der Elbe führten und dort erschossen. Dieses Erlebnis hat mein Großvater oft erzählt und nie verarbeiten können. Bereits den Ersten Weltkrieg hatte er mitgemacht, vor Verdun gekämpft, den Zweiten Weltkrieg von Anfang an überstanden – und nun so etwas! Sein Freund war doch so gut wie zu Hause …

Opa fühlte sich immer der Frau und der Tochter verpflichtet und schickte öfter Kleider-, Schürzen- und auch Wäsche- oder Mantelstoffe aus seinem Geschäft.

Deshalb lud mich die inzwischen erwachsene Tochter zu ihrer Familie ein. Zu dieser Familie gehörten zwei Töchter. Wir drei Mädchen hatten viel Spaß miteinander, durften in der Laube schlafen, beobachteten Molche im Teich, halfen beim Melken und Backen mit u. v. m.

Es war eine wunderschöne Zeit.

Morgens flocht uns Frau Fischer einen Kranz. So war man den ganzen Tag ordentlich um den Kopf. Bei den beiden Mädchen war das die tägliche Frisur, nicht aber bei mir. Ich fühlte mich super chic. Es muss aber gar nicht so toll ausgesehen haben. Bei meinem runden Gesicht und den hohen Wangenknochen glich ich eher einem Vollmond.

Wieder zu Hause angekommen, fiel diese neue Frisur sofort Muttis Kamm zum Opfer, und ich bekam wieder den alltäglichen Dutt frisiert.

Als unsere Klasse eine neue Klassenlehrerin bekam, begann für mich eine harte Zeit. Sie lehnte mich offen ab, beleidigte mich regelrecht und „sah weg", wenn mir „zufällig" ein Bein gestellt wurde, das Aufsatzheft oder die Zeichnung auf den geölten Fußboden fiel usw. So gab es keinen Tag ohne irgendeine Schikane. Lange hatte ich nie etwas zu Hause von diesen Vorkommnissen berichtet. Bei uns galt: „Es wird nicht gepetzt! Probleme klärt man allein." Irgendwann erfuhren aber meine Eltern doch von den Vorkommnissen. Heute würde man das Ganze als „Mobbing vom Feinsten" bezeichnen. Vater lud die Dame in den Garten meiner Großeltern ein, und sie führten ein sehr intensives Vier-Augen-Gespräch. Was gesprochen wurde, habe ich nie erfahren. Ich merkte nur ein verändertes Verhalten meiner Lehrerin, zumindest vordergründig und vorerst.

Sport und noch einmal zelten

Leider kam für mich erschwerend hinzu, dass ich in Mathe nicht ganz solche Erfolge hatte wie in Deutsch, Zeichnen und im Werken. Es kam in Mathe vor, dass ich einmal eine 3 in einer Arbeit schrieb. Auch Sport machte mir zwar viel Freude, aber ich musste üben, üben, üben. Dabei half mir mein Bruder, indem er mir einige Tricks an den Geräten verriet. Aufgrund meiner Rachitis und auch Gipsbein-Geschichte war ich vorsichtiger und auch unsicher geworden. Ausgerechnet Mathe und Sport unterrichtete aber meine Klassenlehrerin. Ich wollte ihr unbedingt beweisen, dass ich kein „Plumpsack" bin, wie mich Mutti immer nannte. Ich meldete mich zur Spartakiade beim Radrennen an, siegte dort und durfte somit zu den Bezirksmeisterschaften nach Dresden fahren. Dafür nähte mir Mutti extra ein neues Kleid. Noch heute sehe ich das Blaudruckmuster lebhaft vor mir. Ich ging also mit Opas Rad (Ballonbereifung, keine Gangschaltung und leicht defektes Tretlager) an den Start und wurde gleich wegen meines Rades und der Bekleidung belächelt. Heute verstehe ich das. Damals hatte ich nur wahnsinnige Wut im Bauch auf alle, die in ihren schicken Trainingsanzügen so dämlich über mein neues Kleid feixten.

Ich trat also in die Pedale und gab, was ich konnte. Die Wut tat ein Übriges. Und es klappte! Trotz wehenden Rockes belegte ich den 3. Platz. Das ist mir noch heute ein innerer Vorbeimarsch! Im Winter fand die Spartakiade in den Wintersportarten statt. Auch da meldete sich der Plumpsack beim Eisschnelllauf an. In Seifhennersdorf hatten wir doch genügend Gelegenheit gehabt, um zu üben. Opa erfüllte mir Weihnachten '58 einen Herzenswunsch: Ich bekam weiße Eislaufstiefel. Die hütete ich wie einen Schatz. Ich trainierte fleißig, konnte einige Sprünge, den Halbmond, Sitz- und Stehpirouetten und einiges andere. Da nahm ich an, Eisschnelllauf könne doch nicht so schwierig sein. Und ich hatte mich nicht getäuscht: Es klappte auch hier mit einigen Medaillen.

Nun wollte ich es wissen: Im Sommer waren Turm- und Schwimmmeisterschaften angesagt. Wieder nahm ich teil. Als einziges Mädchen traute ich mir den Hechtsprung vom Dreimeterbrett zu. Damit holte ich wieder Gold, und auch im Schwimmen schnitt ich nicht schlecht ab. Bronze, Silber und Gold – alles war dabei. Nun hatte ich meine Sportart gefunden. Ich meldete mich bei der Sektion Schwimmen an und trainierte dort, wie auch Jahre später zwei meiner Töchter, regelmäßig und gern. Dort gab es echte Freunde und kein Mobbing. Ich fühlte mich rundum wohl.

Leider waren Schwimmen, Radfahren und Eislaufen keine Sportarten, die unbedingt in der Schule punkteten. Beim Völkerball z. B. blieb ich immer als Letzte übrig, aber nicht, weil ich so gut fangen konnte, nein: Ich konnte nur dem Ball wunderbar ausreißen.

Eines Tages ging es mit dem Fahrrad und einigen Lehrern ins Lausitzer Teich- und Seengebiet zum Zelten. Einige (ich glaube drei) andere Klassen und mehrere Lehrer begleiteten uns. Kurz hinter Bischofswerda konnten schon die ersten Radler nicht mehr und wollten am liebsten zurückfahren. Das ging natürlich nicht. Es war noch Schulzeit, und keiner, der nicht ernstlich krank war, durfte fehlen. Wieder kam mir meine Raderfahrung zugute, und wir kamen mehr oder weniger k. o. in Milkel (dem heutigen Wolfsgebiet) an. Dort siedelten sich vor Jahren wieder Wölfe an und bildeten eins von mehreren Rudeln, die inzwischen in der Lausitz leben. Das macht mich sehr froh und stolz, zeigt es doch, dass in dieser Region das ökologische Gleichgewicht stimmt und ideale Bedingungen zur Wiederansiedlung dieser wunderbaren, sehr scheuen Tiere herrschen. Ein uraltes sorbisches Sprichwort bringt es auf den Punkt: „Wo der Wolf jagt, gedeiht der Wald.“ Ich finde die ganze Panik-Mache, die es von einigen Seiten gibt, total hysterisch und übertrieben. Viel gefährlicher sind die Wildschweinrotten, die inzwischen auf der Suche nach

Fressbarem durch die Ortschaften streifen. Darüber regt sich eigenartigerweise kaum jemand auf. Viel eher trifft man einen Fuchs, ein Wildschwein oder sogar einen Dachs, bevor man einem Wolf begegnet. Es dauerte Jahre, bis man unerfahrene Welpen per Kamera ertappte. Vorher wurde der Wolfsbestand lediglich anhand der Spuren und des Kots erkannt und berechnet.

Auch in Milkel schliefen wir wieder in Armeezelten (diesmal aus Beständen der NVA) und auf Strohschütten. Aber es gab auch einen Unterschied: Fast alle besaßen inzwischen einen eigenen oder geliehenen Schlafsack. Das war auch gut so. Die Mücken setzten uns tüchtig zu, und bald liefen einige von uns herum wie wandelnde Streuselkuchen. Täglich waren wir nun unterwegs, entweder zu Fuß oder mit dem Rad. Wir besichtigten Tagebaue, Förderbrücken, sahen Schaufelradbagger und vieles mehr. Vor allem für unsere Jungen war es faszinierend. Mich ließ es weitestgehend kalt. Interessant war es, aber auch nicht mehr. Der besondere Höhepunkt für mich war ein Rundgang mit dem Förster und Schriftsteller Gottfried Unterdörfer. Er erzählte uns wahnsinnig spannende Dinge über die Natur und die heimischen Tiere. Ich wünschte mir, es sollte nie enden. Zu Hause angekommen, kaufte ich mir von meinem Taschengeld eines seiner schönen Bücher. Erst nach der Wende erfuhr ich zufällig, dass dieser Förster die beste Freundin meiner Lieblingstante geheiratet hatte. So klein ist die Welt.

Natürlich gingen wir während der Klassenfahrt auch baden. Die „Blaue Adria" bei Großdubra war damals zwar zum Baden freigegeben, aber sonst noch naturbelassen: keine Bungalows, Rutschen oder Eintrittskassen. Es wurde erzählt, dass auf dem rund 40 Meter tiefen Grund der ehemaligen Kaolin-Grube (dient zur Herstellung von Porzellan) ein B-52-Bomber der Alliierten liegen solle. Wir versuchten immer wieder, etwas zu erspähen. Wenigstens einen Umriss wollten wir erkennen. Außer Fischschwärmen, die nahe der Oberfläche an uns vorbeizogen, gab es aber nichts zu entdecken.

Bei einem dieser Schwimmausflüge mit Wettschwimmen goss ich unbewusst Öl ins Feuer: Ich hängte meine Lehrerin weit ab und war echt stolz auf mich. Sie sah das aber ganz anders und war wieder so stinkig auf mich wie in den früheren Zeiten.

Gut, dass es den Deutsch- und Biounterricht gab! Dort konnte ich mich entfalten. Gedichte lernte ich schnell, Diktate waren kein Problem, und Aufsätze schrieb ich leidenschaftlich gern.

Das Singen war allerdings die größte Katastrophe. Wurde ich zum Zensuren-Singen aufgerufen, grölte und johlte die ganze Klasse. Um keine 5 (6 gab es noch nicht) für die verweigerte Leistung zu kassieren, stand ich auf, schloss die Augen, um nicht die Schadenfreude in den Gesichtern der anderen (Mädchen) sehen zu müssen, und „sang" mit Todesverachtung. Später einmal sagte unser damaliger Musiklehrer zu meiner Mutter, er habe mir für meinen Mut immer eine 3 gegeben, verdient hätte ich eine 7. Unfassbar, dass meine zweite Tochter klassischen Gesang studierte – bei einer so unbegabten Mutter!

Ich bemühte mich immer, mit Notenlehre, dem Lernen von Lebensläufen der Komponisten und dem Textlernen einiges wieder auszubessern. So stand jedenfalls in diesem Fach immer eine 3 auf meinem Zeugnis.

Mauerbau

Nicht allzu lange nach unserem Umzug ratterten im August 1961 Tag und Nacht Panzer und SPWs (Panzerspähwagen) durch unsere neue Heimatstadt. Nicht nur uns Kindern wurde unbehaglich zumute. Auch die Erwachsenen erinnerten sich an noch gar nicht so lange zurückliegende Zeiten. Keiner wusste, was los war. Die Unruhe und Furcht der Erwachsenen übertrug sich auf uns Kinder, und auch in uns krochen langsam immer mehr Gefühle von Hilflosigkeit und Angst hoch.

Ich wurde nun mit Iris im Kinderwagen losgeschickt, um haltbare Lebensmittel (Mehl, Reis, Zucker, Bohnen u. ä.) einzukaufen. Der Kinderwagen war ein geeignetes Transportmittel. Unter der Wagendecke, zu Iris' Füßen, konnte man viel verstauen, und andere Leute sahen nicht, was ich schon erstanden hatte. Das traf im wahrsten Sinne des Wortes zu: Überall standen Menschen und hamsterten Lebensmittel. Alle glaubten, es begänne ein neuer Krieg.

Bald stand der Grund der Truppenbewegungen in der Zeitung, und auch im Radio wurde verkündet: In Berlin hatte man eine Mauer mitten durch die Stadt gezogen. Wieder wurden Familien getrennt!

Wieder ließen viele ihren bescheidenen Wohlstand im Stich und gingen noch in buchstäblich letzter Minute in den „Westen". Manchmal war der vordere Teil eines Hauses im Osten, der Hinterhof gehörte aber zum Westen. Diesen Ausgang nutzten die Menschen zur Flucht. Mitnehmen konnten sie nichts.

Das Bild vom DDR-Grenzsoldaten, der über den bereits ausgerollten Stacheldraht springt, ging später um die ganze Welt.

Zur Erklärung hieß es, man habe den „antifaschistischen Schutzwall" bauen müssen, würden doch die „Bonner Ultras" so viele Fachleute abwerben, und es gäbe in den volkseigenen Betrieben Sabotageakte, die von Leuten, die der Westen eingeschleust hätte, ausgeführt würden. Richtig glauben konnte ich das damals allerdings nicht: Wenn die DDR-Bürger vom

Westen bedroht wurden, wieso standen dann die Grenzsoldaten und Kampfgruppen aus den Betrieben mit der MPi in Richtung Ost-Berlin? Danach zu fragen traute ich mich nicht. Sicher hätte auch niemand eine brauchbare Antwort gehabt.

Zum Glück ging alles, zumindest bei uns in der Provinz, glimpflich ab. Eventuelle Vorkommnisse standen sowieso nicht in der Zeitung. Sie wurden totgeschwiegen.

Die Bocha-Oma konnte nie wieder ihre Schwester in Berlin-Charlottenburg besuchen. Auch Leute, die „rüber" wollten, konnte sie nicht mehr hilfreich lotsen.

Mutti und die Bocha-Oma.

Bald gab es wieder etwas Neues: Es wurden zwar die inzwischen abgeschafften Lebensmittelmarken nicht wieder eingeführt, aber es gab eine Rationierung der Butter. Jede Familie erhielt eine Nummer. Die nannte man im Milchladen. Die Verkäuferin machte einen Strich auf ihrer Liste und reichte die Butter über den Ladentisch. Wir hatten die Nummer 613. Das weiß ich noch ganz genau. Hatte man vorzeitig sein Budget (etwa wegen einer Familienfeier) aufgebraucht, gab es eben Fettschnitten.

Sozialistische Erziehung und sozialistische Hilfe

In der Schule ging alles seinen gewohnten Gang. Es wurde nun allerdings noch mehr Wert auf sozialistische Erziehung gelegt. Das Tragen von Nietenhosen war verpönt. Es gab den Spruch: „Nieten in Nietenhosen unerwünscht." Damit waren nicht die Metallnieten, sondern die Träger der Hosen gemeint. Wer irgendwo eine Westoma, -tante oder -onkel hatte, schrieb trotzdem auf den Weihnachtswunschzettel an erster Stelle: eine Jeans. Auch wenn die Jungs das kostbare Stück nicht in der Schule tragen durften – am Nachmittag wurde dieses Teil auf jeden Fall ausgeführt. Viele der Älteren besaßen nun auch ein Kofferradio. Damit standen sie stundenlang an den Marktecken herum und wollten so bei den Mädchen Eindruck schinden.

Vom Fenster unserer Wohnung konnten wir den Markt gut überblicken und bemerkten auch jede neue Errungenschaft schnell.

Einer meiner Mitschüler bekam von seinem West-Onkel einen ganz tollen Trainingsanzug. Wider besseres Wissen verstieß er gegen das Verbot, Westsachen in der Schule zu tragen, und prompt kam es zu einem heftigen Disput zwischen ihm und dem Sportlehrer der Jungen. Er sollte sich umgehend umziehen gehen, bekam eine 5 für die Stunde und einen saftigen Eintrag. Darüber wurde Reinhard so wütend, dass er alle Erziehung vergaß und brüllte: „Von Ihnen alten Nazi lasse ich mir noch lange nichts sagen." Ob er mit diesem Satz recht hatte, weiß ich nicht. Irgendwo musste er ja so etwas gehört haben.

Es wurde nun ein Exempel statuiert. Beim Montagsappell (die ganze Schule – Klasse 1 bis 10 – trat montags in Pionierkleidung auf dem Hof zum Appell an) musste Reinhard vortreten und wurde für unwürdig erklärt, weiterhin Pionier zu sein. Der Pionierleiter nahm ihm vor allen Schülern das blaue Halstuch ab.

Die Nachfolgeorganisation der Pioniere, die FDJ, trug blaue Hemden mit einer aufgehenden Sonne am linken Ärmel und galt als „Kampfreserve der Partei". Unsere Halstücher sollten einen Teil der Blauhemden versinnbildlichen, und bis zur Jugendweihe (dann wurde man FDJler) trugen alle Pioniere blaue Halstücher. Erst Erich Honecker führte ab Klasse 5 rote Halstücher nach dem Vorbild der SU für die Thälmann-Pioniere ein. Die Kleinen (Klassen 1 bis 4) hatten als Jungpioniere weiterhin blaue Halstücher.

Eines Tages hatten meine neue Freundin Gisela und ich eine ganz dämliche Idee: Wir wollten Wettspucken veranstalten. Ziel war es, die Gehwegritzen vom Fenster des 2. Stockwerks aus zu treffen. Wer die meisten Treffer hätte, wäre Sieger. Wir öffneten also das Fenster, und los ging es mit der Wettspuckerei. Leider hatte noch keine einen Treffer, als mich Gisela erschrocken ansah und sagte: „O Gott, jetzt habe ich gerade die Plane von einem Kinderwagen getroffen." Ich wollte noch schnell retten, was zu retten war. Anhand des offenen Fensters hätte man doch gleich gemerkt, woher gezielt worden war. Ich war bemüht, ganz schnell das Fenster zu schließen, meine Haare wurden aber bemerkt, und die zu Recht wütenden Mutter und Oma des Babys kamen hoch und klingelten Sturm an unserer Wohnungstür. Gisela und ich stellten uns taub. Mutti aber öffnete und wurde wortreich über den Vorfall in Kenntnis gesetzt. Ich war gesehen worden. Die Frauen beharrten darauf: „Die mit den roten Haaren war es." Mich hatten sie beim Fensterschließen gesehen. Also bekam ich auch die kräftigen Backpfeifen ab. Die hätte ich auch akzeptiert, wenn ich es gewesen wäre. Um Schadensbegrenzung zu betreiben, sollte ich mich für die Untat öffentlich entschuldigen. Die junge Mutter arbeitete als Verkäuferin im Fischgeschäft unserer Stadt. Dorthin musste ich nun gehen und mich mit einem Blumenstrauß im Beisein der anwesenden Kundschaft laut und deutlich entschuldigen. Gisela war aber ein guter Kumpel. Sie drückte sich nicht und begleitete mich. Gemeinsam entschuldigten wir uns für unsere Schnapsidee.

Da sozialistische Hilfe überall stattfand, wurden auch wir Schüler ab Klasse 5 zum Kartoffellesen und Rübenverziehen auf die Felder der LPG geschickt. Das Rübenhacken fand meist vormittags statt und machte mir persönlich viel Spaß. Die kräftigste Pflanze blieb stehen, fünf oder sechs andere hackte man weg. Sie blieben als Gründüngung gleich liegen. Geld erhielten wir Kinder dafür nicht, aber die Bäuerinnen brachten uns Riesenschnitten, belegt mit hausschlachtener Wurst, aufs Feld. Das war prima, und alle, auch die schlimmsten Mäkelfritzen, langten kräftig zu. Die Arbeit an der frischen Luft machte sehr hungrig.

Im Herbst ging es regelmäßig klassenweise zur Kartoffelernte. Diese Arbeitseinsätze organisierte man am Nachmittag. Die umliegenden Dörfer erreichten wir entweder per Rad oder zu Fuß. Da wir im Grüppchen liefen und uns unterhielten, erschien der Weg auch nicht so lang. Meist trafen wir uns bei Gisela, die am Stadtrand wohnte, und liefen dann nach Geißmannsdorf zur LPG. Dort bekam jeder einen großen Weidenkorb, und ab ging es aufs Feld. Pro gefüllten Korb erhielt man 10 Pfennig, beim Nachlesen (also beim zweiten Ablesen der Kartoffelfurchen) gab es sogar 15 Pfennig, waren doch dann kaum noch Kartoffeln zu finden, und der Korb füllte sich viel langsamer. Ganz gewitzte Sammler traten manchmal auf der Hinreihe beim 1. Sammeln absichtlich einige große Kartoffeln in die Erde, damit beim Nachlesen nicht nur die vorher übersehenen Mini-Exemplare aufgelesen werden mussten.

An einem solchen Ernte-Nachmittag konnte man recht gut verdienen, und ganz fixe Sammler bekamen schon mal abends 4 Mark oder 4,50 ausgezahlt, wenn auch die Größe der Kartoffeln stimmte. Manchmal langte aber auch der Nachbar mal schnell in die Reihe rechts oder links von sich und holte extragroße Knollen rüber in seinen Korb, um schneller als andere dem Bauern zurufen zu können: „Mein Korb ist voll!" Viele Kinder gingen deshalb freiwillig in den Herbstferien Kartoffeln lesen. Deshalb hießen diese Ferien damals auch noch „Kartoffel-Ferien".

Die Bauern sahen Mäuse selbstverständlich nicht gern auf ihren Feldern und erschlugen sie, sobald welche zu sehen waren. Eines Nachmittags beobachtete ich wieder mal eine solche Mäusemordaktion und sah auch, dass die vor mir fahrende Kartoffelrodemaschine gerade ein ganzes Nest mit einer Mäusefamilie freigelegt hatte. Schnell nahm ich mein Kopftuch ab, lud die Mäuse hinein, knotete es zu und legte es irgendwo am Rand sicher ab. Ich wollte wenigstens einige der Tiere retten. Am Abend nahm ich alle mit nach Hause und versuchte, sie mit Haferflocken und Milch mithilfe einer Liebesperlenflasche aufzuziehen. Meine Eltern und Großeltern waren von dem Gedanken wenig begeistert. Daran, dass mich die Winzlinge eventuell mit Tollwut infizieren könnten, hatte ich nie gedacht. Ich fasste sie nie mit einem Handschuh, Tuch oder ähnlichen Hilfsmitteln an. Leider überlebte nur ein Mäuschen. Das setzte ich später in Opas Garten.

Ein neuer Umzug

Als Iris etwa 1 ½ oder 2 Jahre alt war, gab es wieder über Umwege eine Veränderung für uns: Opas Schwester Hertha wurde Rentnerin und konnte nun, nach geltendem Recht, zu ihren Geschwistern in die BRD ausreisen. Da Wohnraum sehr knapp war, hätte es nicht lange gedauert, und die „Wohnraumlenkung" des Rates des Kreises hätte das Zimmer neu belegt. Da hatte unsere Bocha-Oma eine sehr gute Idee: Frl. Rurack und Oma wollten sich eine Zwei-Raum-Wohnung (mit Küche und Bad) suchen. Die untere Etage im Haus der Großeltern würde damit frei; die beiden älteren Damen müssten sich an keine neue Mitbewohnerin mit gemeinsamer Küchen- und Toilettenbenutzung gewöhnen, und wir Kinder hätten ein Kinderzimmer, den Garten und das Schwimmbad in unmittelbarer Nähe.

Dieser Vorschlag stieß allgemein auf Gegenliebe, und so zog unsere Familie wieder einmal um.

Das Haus meiner Großeltern.

Mit dem Umzug erübrigte sich auch der tägliche Transport der nassen Wäsche vom Markt bis zur Garten-Wäscheleine bei den Großeltern (und abends getrocknet zurück). Das bedeutete etwas mehr Freizeit; das war meist Zeit, die ich mit Lesen füllte. Ich las querbeet, was ich erwischen konnte. Auf Anhieb fallen mir ein: alle Nesthäkchen-, Pucki-, Karlchen-Bücher, Spartakus, Lederstrumpfbände, Jack-London-Bücher, Gerstäcker-Regulatoren des Arkansas, Anne Frank, Wustmann-Bücher, Edgar Allen Poe, Wilhelm Busch, Ludwig Renn, Tierbücher, Märchen aus aller Welt, Geschichten über Schiller, Bach, den Räuberhauptmann Karasek und Stülpner Karl, Robin Hood, Glöckner von Notre Dame, Erzählungen über Lützow, Napoleon, Peter d. Großen, den Alten Fritzen oder Gräfin Cosel, Bücher über die Arktisexpeditionen und große Seereisen usw.

So erweiterte sich mein Horizont, und ich tauchte ab in andere Sphären. Oft dachte ich mir noch Fortsetzungen aus. Gar nicht mochte ich so typische Schnulzen- und Liebesromane, sah ich doch zu Hause immer deutlicher, dass das Leben ganz anders ist und die Beziehung zwischen meinen Eltern immer schwieriger wurde. Auch die Großeltern trugen zu einer Entspannung der Lage nicht bei. Oft mischten sie sich ein, meinten es auch gut, gossen aber ungewollt nur noch Öl ins Feuer, und die ohnehin angespannte Situation wurde eher schwieriger als besser.

Erschwerend kam dazu, dass unsere Wohnung nicht abschließbar war und sich das einzige Bad oben in der Wohnung der Großeltern befand. Nach unzähligen Reibereien schraubte Vater einen Riegel an die Glasschwingtür im Korridor, um ein Zeichen zu setzen: „Halt, hier ist eine andere Wohnung!" Klingel innerhalb des Hauses gab es keine. Opa fühlte sich im eigenen Haus ausgesperrt.

Die Sache endete damit, dass Vater das Bad nicht mehr benutzte und für 50 Pfennig ins städtische Wannenbad ging.

Es gab ständig Kleinkrieg: mal zwischen meinen Eltern, mal zwischen Vater und den Großeltern, mal zwischen allen ...

So war ich froh, Freundinnen in anderen Klassen zu haben, die ich dann besuchte. In der eigenen Klasse war es ja, wie ich schon erzählte, nicht so toll.

Sehr gern besuchte ich auch eine uralte, unverheiratete Tante meiner Oma. Sie hatte Hörprobleme und benutzte ein schwarz glänzendes Hörrohr, um sich mit mir zu unterhalten. Das spitze schmale Ende wurde ins Ohr gesteckt, in den Trichter am Ende konnte man hineinsprechen. Wurde das Hörrohr nicht benötigt, lag es zusammengeschoben auf der Kredenz, einem niedrigen Schrank. In der Glasvitrine standen winzige, mit Silber überzogene Babyschuhe. In ihnen hatte die Tante einst das Laufen gelernt. Ihr Vater, ein Goldschmied, versilberte diese kleinen Schuhe zu Erinnerungszwecken. Das soll früher häufig üblich gewesen sein.

Wieder ein Wandertag nach Dresden;
neben mir Siegmar H. und Wolfgang S.

Da diese Tante aufgrund der Hörproblematik wenig unter Menschen kam, las sie viel. Sie besaß enorm viele Bücher, lieh mir bereitwillig welche aus (auch verbotene und unerwünschte Exemplare) und unterhielt sich nach der Lektüre mit mir über den Inhalt der Leihgaben.

Wie es damals üblich war, musste diese Tante nicht benötigten Wohnraum untervermieten. So bewohnte eine junge Frau mit Baby (ohne Mann) ein möbliertes Zimmer. Die alte Tante sprach oft von ihrer „leichten Kavallerie". Ich verstand jahrelang nicht, was die „leichte Reiterei" (eine Bezeichnung aus der Kaiserzeit) mit der hübschen ledigen Mutter zu tun haben sollte. Aber auch keiner der Erwachsenen machte Anstalten, mir eine Erklärung zu geben.

Gastschüler im Englischunterricht

Wieder war Zeit ins Land gegangen. Ab der Klasse 7 durften die besten Schüler fakultativ Englisch lernen. Der Unterricht fand am Nachmittag statt, und ich fuhr immer mit dem Rad zur Schule. So konnte ich Zeit sparen, waren doch auf dem alten (innerhalb der Stadt) und dem neuen Friedhof (am Stadtrand) einige Gräber zu versorgen. Das besorgte meist ich.

Das Englische machte mir einen Riesenspaß. Ich fand viel Ähnlichkeit mit dem Deutschen und ging gern zu Frau Mälzer. Sie war gerecht und so ganz anders als meine Klassenlehrerin. Nach einigen Wochen, etwa nach den Herbstferien, kamen zwei neue Schüler in unseren Englischkurs. Beide waren eine Klasse höher als wir. Den Schwarzgelockten hatte ich schon Wochen vorher immer mal beim Gießen oder Unkrautzupfen auf dem Friedhof gesehen. Er hatte dort „zufällig" zu tun, wenn ich auch da war.

Beide Jungen wollten angeblich Wissenslücken aus dem Vorjahr schließen und saßen nun bei uns Jüngeren in der letzten Bankreihe. Unsere Lehrerin war entzückt über den Fleiß und Lerneifer der zwei Neuen. Der eigentliche Grund der Wiederholung waren aber eine Mitschülerin und ich. Das erfuhr ich zufällig um Hundert Ecken. Obwohl sich einige schon zum Kinobesuch, Badengehen oder Hundausführen trafen, war ich ein echter Spätzünder im Hinblick auf Jungen: Ich merkte nie, wenn jemand Interesse an mir zeigte. Als ich wieder einmal auf dem Friedhof zu tun hatte, hielt ein anderes Rad neben mir an, und ich bekam einen auf dem Rummel selbst geschossenen Rosenstrauß in die Hand gedrückt. Es folgte die Einladung zum Karussellfahren. Ich war so perplex, dass ich nur sagte: „Das kannst du dir aus deinem Kopf denken." Nicht einmal die richtige Formulierung „aus dem Kopf schlagen" fiel mir ein. Rainer stand da, wusste sicher auch nichts zu sagen, schwang sich auf sein Rad und fuhr weg. Ich klemmte die Papierrosen auf den Gepäckträger und radelte heim. So endete mein erstes Rendezvous mit Hindernissen.

Bald genügte den beiden älteren Jungen die Auffrischung ihrer Kenntnisse. Sie lernten nun wieder nur noch in ihrer Englisch-Gruppe. Auch Franz hatte bei seiner Angebeteten kein Glück gehabt und seine Eroberungsversuche abgebrochen.

Wir unterhielten uns weiterhin freundschaftlich miteinander, sonst nichts. Zu meinem 14. Geburtstag schenkte mir Rainer ein Buch. Er wusste, wie gern ich las. „Die ungelogenen Geschichten" stehen noch heute in meinem Bücherschrank. Ich lud ihn zu meiner Geburtstagsfeier ein, und es wurde ein recht lustiger Nachmittag.

Eichhörnchen

Etwa in diese Zeit fällt folgende Geschichte: Wie schon gesagt, mochten wir beide unsere kleine Schwester sehr und beschäftigten uns oft und gern mit ihr. Eines Sonntagmorgens hatten wir die zündende Idee: Wir spielen Eichhörnchen-Familie! Schon allein diese Tatsache zeigt, dass ich einfach noch richtig Kind war. Logischerweise wollten wir zwei Großen die Eltern sein und Iris unser Kind. Steffen kletterte auf die damals in jedem Schlafzimmer vorhandene sogenannte Herren-Kommode und sprach: „Pass genau auf! Der Eichhörnchenvater lehrt das Kind jetzt das Springen." Er hockte sich in seinem weißen Nachthemd (das trugen die meisten Jungen damals) hin, machte „Männchen" und nahm Schwung, um einen exakten Sprung zu landen. Er drückte sich ab und landete mit lautem Knall in Muttis Bett. Die Leiste, die den Federboden und die Matratze halten sollte, war gebrochen. Schnell wie der Wind standen wir drei auf, machten das Bett und stellten irgendetwas unter die Unfallstelle. Dann kamen wir mit Unschuldsmienen an den Frühstückstisch. Den ganzen Tag über gaben wir uns große Mühe, keinen Ärger zu machen. Das dicke Ende kam aber am Abend. Vater setzte sich auf die Bettkante und verschwand gleich in der „Versenkung". Unser Unterbau hatte nicht standgehalten. Schnell standen wir als Schuldige fest, und der Ärger und die Strafe blieben nicht aus.

Der nächste Tag war ein Montag. Vater fuhr wieder weg nach Karl-Marx-Stadt, und Mutti wollte um nichts in der Welt das kaputte Bett zum Tischler bringen. Was sollten denn bloß die Leute denken? Wir wussten es auch nicht und wunderten uns sehr. So schwer war doch das beschädigte Seitenteil gar nicht, um es zur Reparatur zu bringen!

Beobachtungen im Freibad

Wie ich schon erzählte, wohnten wir nun unweit des Stadt-
bades. Wir besaßen eine Jahreskarte und brauchten nur auf der
gegenüberliegenden Straßenseite unter dem Zaun durchzu-
kriechen, um ins Bad zu gelangen. So sparten wir den Um-
weg durch die Stadt bis zum Haupteingang. Das war noch ein
Überbleibsel aus unserer ungezwungenen Zeit in Seifhennersdorf. Oma stand oft mit dem Opernglas am Küchenfenster
und sah nach dem Rechten. Winkte sie mittags, hieß das: Essen
ist fertig, heimkommen! Hinterher krochen wir wieder durch
den Zaun zurück ins Bad. Unsere Schwester nahmen wir zu
allen Unternehmungen immer mit. Iris war wie ein Maskott-
chen für uns und stets dabei.

In der Kaserne von Bischofswerda waren bis zur Wende Russen stationiert. Bis Mitte der 1960er-Jahre durften gelegentlich
auch die einfachen Soldaten das Schwimmbad besuchen. Das

1962 oder 1963: Iris, Steffen und ich.

war dann eine besondere Auszeichnung. Sie kamen als Gruppe (Zug) zu 20 oder 30 Mann anmarschiert, zogen die erdfarbenen Uniformen aus und sprangen, egal, ob sie schwimmen konnten oder nicht, mit unglaublichen Verrenkungen ins Wasser. Irgendwie paddelten sie dann an die Ausstiegsleiter, und von Neuem ging es zur Abkühlung ins Wasser. Die Offiziere passten genau auf, dass kein Kontakt zur Bevölkerung zustande kam. Tauschgeschäfte waren nur ihnen vorbehalten. Im Stadtwald wechselten Uhren, Radios, Ringe gegen DDR-Mark den Besitzer. Nach ca. einer Stunde war die Auszeichnungsbaderei beendet, alle Russen verschwanden hinter dem Liegewiesen-Hang, zogen die nassen schwarzen Turnhosen aus und die Uniformhose auf die blanke Haut. Abgetrocknet wurde nicht, Handtücher hatten die Männer nie mit. Bei dieser Umkleideaktion wandten sie stets ihre nackten Kehrseiten unserem Haus zu, und Oma war regelmäßig entsetzt über diese FKK-Darbietungen.

Später wurden die jungen Russen noch mehr abgeriegelt. Stadtgang gab es sowieso nur noch für die Offiziere und ihre Frauen. Nun wurde die Angst, es könnte zu Dessertationen kommen, größer. Beim Marsch durch die Stadt bis zum Markt konnten die Männer sehen, wie die Deutschen in der DDR lebten. Das war nicht gewollt.

Es gab keinen Badeausflug mehr und auch keine „Zug"-Ausflüge mehr in den Wald. Trotzdem beobachtete mein Bruder einmal in der Nähe des Stadtwaldes etwas Schreckliches: Ein blutjunger Russe wurde von einem Offizier mit dem Koppel zusammengeschlagen, mit Stiefeltritten gequält und ganz schlimm verprügelt. Wieder einmal passten das, was wir in der Schule hörten, und das, was wir sahen, nicht zusammen.

Nach der Wende erfuhren wir, dass es nicht wenige Selbstmorde und auch Morde in der „ruhmreichen Sowjetarmee" gegeben hat. Ein Menschenleben zählte hier nichts.

Ein Kavalier und meine Konfirmation

Ich erzählte bereits, wie gern ich schwimmen ging und dass ich auch das Training besuchte. Da Bischofswerda keine Schwimmhalle hatte (bis heute nicht), fuhr unsere Sportgruppe ab Klasse 7/8 im Winter einmal wöchentlich nach Dresden ins Hallenbad, um dort zu trainieren. Mit dem letzten Zug gegen 0 Uhr waren wir wieder zu Hause. Am anderen Tag ging es trotzdem pünktlich in die Schule. Da es spät und finster war, brachte mich jedes Mal der zwei Jahre ältere Siegfried nach Hause. Nie wurde er aufdringlich oder bedrängte mich mit Worten. Das schätzte ich sehr an ihm.

Als dann der Frühling und Sommer kamen, fielen natürlich die Fahrten in die Schwimmhalle und somit auch das Nach-Hause-Bringen aus. Nun konnte man allerdings die Uhr danach stellen: Jeden Sonnabend/Sonntag um 12 Uhr war Hufgetrappel auf unserer Pflasterstraße zu hören. Siegfried ritt mit Cowboyhut auf dem Kopf an unserem Haus vorbei. Seine Eltern besaßen ein Fuhrunternehmen, daher die Pferde. Mein Bruder rief mich immer und zog mich auf: „Dein Cowboy kommt wieder." Ich fand das albern. Siegfried hatte mir doch selbst gesagt, das Tier müsse bewegt werden …

Viele Jahre später, als ich längst verheiratet war, erzählte er mir die Wahrheit: Er traute sich damals nicht, mir zu sagen, dass er mich mochte, und ritt deshalb immer bei uns vorbei in der Hoffnung, ich würde es merken. Aber ich merkte, wie gesagt, nichts.

Jahrelang hatte ich zum Ärger meiner Klassenlehrerin den Christenlehreunterricht besucht. Auch bereits in Seifhennersdorf nahm ich gern und regelmäßig teil. Es war schon irgendwie schizophren: Vormittags war man Pionier, am Nachmittag Christ. Wir wussten inzwischen genau, was man in der Schule auf keinen Fall sagen durfte. Es war nicht immer einfach, aber wir kamen mit unserer „geteilten Welt" ganz gut zurecht. Nun sollten also alle Schüler der Klasse vollzählig an der Jugendweihe teilnehmen und die dazugehörigen Jugendstunden besuchen. Die meisten machten das. Es gab die Möglichkeit, ein Jahr später an der Konfirmation teilzunehmen. Ich wollte aber nicht beides. Für mich gab es nur: entweder – oder. Zur Jugendweihe gehörte ein Gelöbnis, das es abzulegen galt. Damit verpflichteten sich die Jugendlichen, den Sozialismus mit allen Mitteln zu verteidigen. Ich lehnte jedoch alle Gewalt u. ä. ab, hatte ich doch oft genug Schreckliches gehört und die Folgen selbst auch noch gesehen, so das zerbombte Berlin, Dresden, gesprengte Brücken, Vaters kaputte „Knoche", fehlende Hände und Beine anderer Väter usw. Ich weigerte mich entschieden, an den Jugendstunden teilzunehmen. Ich wollte so ein Gelübde nicht ablegen. Nun kam es zur offenen Konfrontation mit meiner Klassenlehrerin, die früher Pionierleiterin war. Ich musste zu mehreren Gesprächen erscheinen. Erst wurde mir gut zugeredet, später gedroht. Auch zum Direktor wurde ich bestellt.

Sitzend: Opa und Steffen; stehend v. l. n. r.: Günther, Onkel Gerhard, Tante Rosemarie, Mutti, Oma Handrich, ich, Vater (die Bocha-Oma war im Krankenhaus).

Dort prophezeite man mir, ich bekäme niemals einen anständigen Beruf ohne Jugendweihe. Ich blieb dabei: „Dorthin gehe ich nicht!" Wenn es sein muss, kann ich sehr stur sein. Das ist nicht immer angenehm. Ich weiß das und bin auch heute noch immer um Kompromisse bemüht. Manchmal klappt es, leider nicht immer. Keiner kann eben aus seiner Haut! So wurde ich also Palmarum 1965 (eine Woche vor dem Ostersonntag) von Pfarrer Jäckel konfirmiert. Er hatte schon meine Eltern getraut und mich getauft.

Es wurde eine schöne Feier in der Kirche und auch zu Hause ein Tag mit vielen Geschenken und Glückwünschen. Die Bocha-Oma schenkte mir meine erste Armbanduhr (diese exis-

2. Reihe, 1. von rechts.

tiert heute noch), und von Eltern und Großeltern bekam ich einen Kasten mit Silberbesteck für die „Aussteuer". Noch nie wurden diese Teile benutzt. Die Gabeln sind so riesig und auch die Messer unhandlich – finde ich.

Da nur Vater eine Schwester hatte, gab es wenige Gäste: die Großeltern, Tante Rosemarie mit Onkel Gerhard und Günther. Doris fehlte aus irgendeinem Grunde. Günther trug inzwischen die von fast allen Eltern verpönte Beatles-Frisur, hörte auch, dank Tante Gerti, deren Musik und war inzwischen einer der umschwärmtesten Jungen unserer Stadt geworden. Plötzlich bemühten sich sehr viele Mädchen um mich. Sie hegten die Hoffnung, über mich an ihn heranzukommen. Da hatten sie aber Pech: Ich eignete mich nicht als Kupplerin, und ihr „Liebes"-Leben (besser: Schwärmereien) waren mir schnurzpiepegal.

Eine erneute Veränderung

Nach der verweigerten Jugendweihe hatte ich nun gar nichts mehr in der Schule zu lachen und bekam auch immer öfter ungerechte Bewertungen, wirklich! Auch zu Hause wurde alles immer unerträglicher. Ständig gab es irgendwelche Streitigkeiten wegen irgendetwas. Dann erfuhren wir: Mutti ist wieder schwanger. Im Herbst sollte das Baby zur Welt kommen. Wieder waren es meine Großeltern, die die Notbremse zogen. Die jüngste Schwester meiner Oma wohnte in Großenhain. Sie war dort mit einem Lehrer verheiratet und trug den lustigen Namen Mehlhose. Onkel und Tante kannte ich von Besuchen. Einmal war Onkel Georg angereist, um Steffen die Primzahlen zu erklären. Mein Bruder war aber auf die hohe Rüster (Ulme) im Grundstück geflüchtet, hörte, wie er gerufen, und sah, wie er gesucht wurde. Erst als der Onkel abreiste, kam er abends vom Baum herunter. Die Primzahlen konnte er allerdings immer noch nicht.

So wurde hier nun angefragt, ob ich wegen des neuen Nachwuchses bei ihnen wohnen und zur Schule gehen könnte. Ich wurde über diese Pläne allerdings nicht informiert und erfuhr erst davon, als alles in „Sack und Tüten" war. Diesmal hatte ich eine Woche und nicht drei Tage wie beim Weggang aus Seifhennersdorf Zeit, mich an den Gedanken zu gewöhnen. Ich geriet in Panik. Wurde ich denn nie gefragt? Ich war doch kein Kleinkind mehr! Wieder eine neue Klasse! Wieder neue Mitschüler und Lehrer! Vielleicht würde alles nur noch schlimmer?

Mit einer Reisetasche kam ich in Großenhain an. Opa brachte mich hin. Ich bekam das Bodenkämmerchen des jüngsten Sohnes zugewiesen. Lothar studierte in Ilmenau Starkstromtechnik. Während der Woche konnte ich in seinem Bett schlafen und das Zimmer nutzen. Am Wochenende, wenn Lothar seine Eltern besuchte, fuhr ich zu meinen.

Ein eigenes Zimmer hatte ich noch nie. Ich las nun ungestört bis tief in die Nacht oder schrieb Tagebuch. Das tat ich schon einige Jahre, und es half mir sehr, bestimmte Dinge zu verarbeiten. Das Tagebuch war mir ein echter Freund. Erst als meine eigene Familie immer größer wurde, gab ich das Schreiben auf.

Nachdem ich die Reisetasche ausgepackt und mich halbwegs häuslich in der Dachkammer eingerichtet hatte, ging es mit Onkel Georg zur „Clara-Zetkin-Oberschule" auf dem Großenhainer Kupferberg. Die Schule war ein ganz moderner Schulbau mit vielen großen Fenstern und hellen Gängen.

Durch Onkels Hände gingen viele Generationen Schüler, und er war im Ort bekannt wie ein „bunter Hund". An allen Ecken grüßte man ihn, und ich bekam immer wieder lustige Begebenheiten aus seiner Lehrer-Laufbahn zu hören. Onkel hatte ein großes Talent: Er zeichnete sehr gut und sehr schnell. So gestaltete er oft und gern unvergessliche Tafelbilder. Auch Briefe und Karten in seiner einmaligen Art sind mir bis heute in Erinnerung. Sein Name „Mehlhose" wurde fast immer so dargestellt:

Das sorgte selbstverständlich für Heiterkeit. Drei 9. Klassen standen zur Auswahl, und Onkel legte kurz und bündig fest, dass ich in die 9b käme. Später erfuhr ich: Der Onkel hatte diese Klasse vom 1. bis 4. Schuljahr geführt und kannte also alle meine zukünftigen Mitschüler und ihre Eltern sehr genau. Ich bezog meinen Platz auf der 3. Bank, Fensterreihe, und fühlte mich vom ersten bis zum letzten Schultag so wohl wie der „Mops im Paletot". Unsere Lehrer waren streng und sehr gerecht, durchaus für Späße zu haben, und wir mochten sie alle sehr.

Innerhalb der Klasse gab es keine Gruppenwirtschaft und Hierarchien, keine Zicken oder Platzhirsche. Natürlich blieben kleine Sticheleien oder Eifersüchteleien wegen einiger Jungen der 9a oder 9c nicht aus, aber es war so wohltuend anders als in Bischofswerda.

Unser Klassenleiter, Herr Wöllert, unterrichtete Deutsch und Geschichte und war in seiner Art ähnlich wie mein früherer Lehrer, Herr von Zitzewitz. Auch er verstand es hervorragend, seinen Unterricht spannend und interessant zu gestalten, Dinge miteinander zu verbinden. Vor allem Dramen, lange Balladen und Theaterstücke brachte er uns so nahe. Sein Spitzname „Napoleon" kam daher, dass sein Lieblings-Geschichtsthema Napoleon war und er über den kleinen Korsen alles wusste. Zu jeder Jahreszahl konnte er eine Begebenheit berichten – und das vor allem nie langweilig.

Ich lernte von Anfang an gern in der „Clara" und hatte dort viele Freunde. Zu einigen meiner damaligen Mitschüler halte ich bis heute Verbindung. An eine Begebenheit erinnere ich mich noch immer: Wir sollten im Geo-Unterricht eine längerfristige Wetterbeobachtung durchführen und u. a. die Art der Niederschläge exakt in eine Tabelle eintragen. Das war ja an sich kein Problem. Ich schrieb auch alles genau auf. So stand bei einem Tag: „Es prinkelt." Keiner hatte die Bezeichnung für ganz feinen Sprühregen je gehört, und so sorgte ich unfreiwillig für viel Heiterkeit in der Klasse.

Nachmittags war ich meist bei irgendeiner Mitschülerin. Wir erledigten die Hausaufgaben, lasen uns Gedichte oder Passagen aus unseren Lieblingsbüchern vor, erzählten uns Filminhalte oder quatschten nur einfach so. Eisessen o. ä. war nicht drin. Ich bekam pro Woche von Opa 10 Mark. Die Fahrkarte kostete 4,60 Mark, die Essenmarke für eine Woche 2,65 Mark. Vom Rest kaufte ich Brot und Butter. War ich mal besonders knapp, gab es morgens Zucker- und abends Senfschnitte. Das schmeckte gar nicht so schlecht. Ganz sicher hätte ich Tante fragen können. Sie wäre die Letzte gewesen, die mir nicht unter die Arme gegriffen hätte. Ich wollte aber selbstständig sein und meinem Opa beweisen, dass ich zurechtkam. Dafür führte ich extra ein kleines Haushaltsbuch in Vokabelheftgröße. Ein Extra leistete ich mir aber: Einmal im Monat holte ich mir für 60 Pfennige ein Mocca-Baiser. Dann machten wir es uns mit Tante gemütlich, und auch sie genoss so ein Teilchen. Tante war eine ganz besondere Frau: ruhig, ausgeglichen, liebevoll und konsequent. Wie ich las sie leidenschaftlich gern. Ich vertraute ihr und mochte sie sehr. Das Leben hatte es nicht besonders gut mit ihr gemeint: Der erste Sohn starb mit wenigen Monaten an Lungenentzündung, der zweite Sohn fiel mit gerade 18 Jahren. Onkel und Tante hatten noch eine Tochter und einen Sohn. Lore war, wie ihr Vater, Lehrerin geworden. Lothar studierte in Ilmenau und war mein großes Vorbild. Als Onkel in Gefangenschaft geriet, war Lothar ein Kleinkind und seine Schwester Schülerin. Erst in den Fünfzigern kam Onkel mit einem der letzten Gefangenentransporte sehr krank aus Sibirien zurück. Lothar kannte den fremden Heimkehrer gar nicht. Die Heimkehr verdankte Onkel einer jungen russischen Ärztin. Sie pflegte ihn so weit gesund, dass er transportfähig wurde und endlich seine Familie wiedersehen konnte. Im Laufe der Gefangenschaft hatte er es sich beim Schlafen angewöhnt, eine Hand unter die Achsel, die andere zwischen den angehockten Knien zu halten. So war die Gefahr des Erfrierens geringer. Diese Gewohnheit behielt er später bei. Zu sehr hatte ihn Sibirien geprägt.

In den Jahren der Ungewissheit um das Schicksal ihres Mannes brachte Tante, wie viele andere Frauen auch, die Familie durch. Sie war auf die sowjetische Kommandantur bestellt worden und schälte nun täglich in der Kaserne eimerweise Kartoffeln. Dabei saßen die Frauen unter einem offenen Bretterverschlag. In den Eimern war kaltes Wasser, auch im Winter. Manchmal konnte sie für die Kinder etwas Essen mitnehmen. Oft waren es aber nur die Kartoffelschalen, die wie Bratkartoffeln zubereitet wurden. Aus dieser entbehrungsreichen Zeit rührte sicher auch, dass Tante sparsam wirtschaftete, einweckte und alles sehr schmackhaft verwertete. Kam es vor, dass Fleisch übrig blieb, wurde es in Einweckgläsern konserviert. Tiefkühltruhen gab es noch nicht. Lebensmittel wurden auch in der kleinen kühlen Speisekammer neben der Küche aufbewahrt.

Neben Onkel, Tante und mir lebten Lore und ihr Mann in einem Zimmer der Wohnung, außerdem Thomas, Tantes Liebling. In den 1950er-Jahren hatte sie einer Familie helfen wollen und ein Pflegekind aufgenommen. Jürgen blieb, bis er einen Kindergartenplatz bekam. Seine Schwester Petra löste ihn ab, später noch die jüngeren Brüder Thomas und Andreas. Tante war also so etwas wie die Vorläuferin einer Tagesmutter.

An dem vorletzten Kind Thomas hing sie ganz besonders. Thomas blieb bei Tante und Onkel, besuchte zwar seine Eltern im Ort häufig, wohnte aber nicht bei ihnen. Er war ein Schulkind, als ich die Dachkammer bezog. Durch die vielen Menschen in der Vier-Raum-Wohnung + Küche und Bodenkammer war es wichtig, bestimmte Zeiten im Bad einzuhalten und nicht zu trödeln. Dabei ging so eine Bad-Nutzung durch mich einmal mit reichlich Scherereien und Unannehmlichkeiten für alle aus: Das Waschbecken war schon etwas älter und wackelte leicht, wenn man sich dagegenlehnte. Ich hatte es eilig, wollte aber unbedingt noch vor dem Schlafengehen die Füße waschen. Dazu hängte ich, wie sonst auch, ein Bein ins Waschbecken. Ehe ich mich versah, polterte es. Das Waschbecken war aus der Halterung gebrochen, das Wasser ergoss sich auf den roten Steinholzfußboden, ich lag inmitten der Bescherung, und mein Hinterteil tat ganz schön weh. Ich hatte mir den Steiß geprellt. Das lädierte Waschbecken war nicht mehr verwendbar. Ich schämte mich sehr für das Missgeschick, und es dauerte einige Wochen, bis Onkel mit Opas Hilfe ein neues Waschbecken „organisiert" hatte. Bis dahin mussten sich alle in einer Schüssel bzw. über der Badewanne waschen.

Fortan stellte ich den Fuß zum Waschen nie mehr ins Becken, sondern immer auf den Klodeckel. Noch einmal sollte durch mich nichts beschädigt werden.

Zur Wohnung gehörten auch ein Balkon und ein kleiner Garten. Meist wurde abends auf dem Balkon gegessen. So konnte man sehen, was „bei Nachbars" auf den Tisch kam, und sich auch von Balkon zu Balkon unterhalten.

Tanzstunden

In der 9. Klasse war es üblich, die Tanzstunde zu besuchen. Oma hatte mir extra zwei wunderschöne Kleider mitgebracht, als sie „drüben" zu Besuch bei ihren Cousinen war. Das erste Kleid war ein enges Etui-Kleid aus hellblauem Stoff mit Lochstickerei. Das andere sollte das Ballkleid werden und bestand aus meergrünem Organza, Satin und Spitze. Ein Gedicht! Die ganze Sache hatte aber einen Haken: Ich wollte nicht zur Tanzstunde und führte auch einige, nach meiner Meinung sehr wichtige Gründe an.

• Erstens: Ich würde das Tanzen sowieso nie lernen, da ja alle wüssten, wie unmusikalisch ich war.
• Zweitens: Ich hatte keinen „Herrn". So nannte man damals noch die Tanzpartner.
• Drittens: Ich hatte einfach keine Lust auf das Gehopse (siehe 1. und 2.!).

Meine Argumente nützten nichts. Oma blieb eisern. Es gehörte einfach dazu, dass man die Tanzstunde und den damit (reichlich) verbundenen Anstandsunterricht besuchte. Punkt. Aus. Keine Diskussion. Außerdem hatte sie für das erste Kleid 75 DM, für das zweite Kleid 100 DM (West!) bezahlt. Die Prachtstücke mussten getragen werden, hatten sie doch ein kleines Vermögen gekostet. Da die anderen Mädchen auch zur Tanzstunde gingen, meldete ich mich, dem Druck gehorchend, an und ging einmal wöchentlich zu dem „Schippel"-Rennen (Schippel = Küken).

Vorher trafen wir uns meist bei mir, d. h. bei Onkel und Tante. Dort frisierten wir uns gegenseitig die damals modernen hoch toupierten Frisuren oder Lockendutts, und dann ging es gemeinsam los. Bei so einem Abmarsch saßen wieder einmal fast alle Hausbewohner auf dem Balkon. Tante winkte uns hinterher und wünschte viel Spaß. Onkel setzte mit einem seiner markanten Sprüche allem die Krone auf. Er stand ebenfalls oben auf dem Balkon und rief uns zu: „Und dass mir keine Klagen kommen, sonst gibt's einen Ring durch die Nase und einen Klotz ans Bein!" Wenn ich gekonnt hätte, wäre ich unsichtbar geworden, so peinlich war mir das. Von überall her wurde gelacht, und wir sahen zu, wegzukommen.

Ein anderes Mal wollte er mir in einer Konditorei etwas Leckeres kaufen und fragte: „Willst du einen Amerikaner oder einen Negerkuss? (Gebäckstücke) – Freundschaft mit allen Völkern!" So war der Onkel. Alle kannten seine Art Humor und amüsierten sich köstlich. Nur ich fand das gar nicht so toll.

Die Tanzstunde nahm also ihren Lauf. Die Mädchen hatten fast alle in weiser Voraussicht einen „Herrn" der vorhergegangenen Tanzkurse oder ihren eigenen Freund mitgebracht. Mit beiden konnte ich nicht dienen, war ich doch erst frisch importiert worden. So musste ich nehmen, was übrig blieb.

Ich weiß nicht einmal mehr, wie mein Tanzpartner hieß. Sein Name fällt mir nicht ein, so sehr ich mich auch anstrenge.

Bis zum „Kränzchen" oder auch „Mittelball" hielt ich durch und trug auch zu Omas und Muttis Freude das hellblaue Stickerei-Kleid. Dann aber setzte ich meinen Kopf durch und ging nicht mehr hin. Mir war das einfach zu albern. Das ach so teure Ballkleid blieb im Schrank.

In den Pausen während der Tanzstunden gingen wir meist in den Garten der Gaststätte und leisteten uns für 30 Pfennige eine Fassbrause. Dort saß eines Tages an unserem Nachbartisch ein hübscher Offiziersschüler. Die jungen Offiziersanwärter waren häufig zum Praktikum in Großenhain. Neben der Kaserne der sowjetischen Streitkräfte gab es dort noch eine Panzerkaserne der NVA. Jahre später stellte sich heraus, dass das mein jetziger Ehemann werden sollte. Auch ihm war ich aufgefallen. Er hatte mich aber nicht angesprochen, weil wir so ein alberner Kicherhaufen waren.

Inzwischen war auch in Bischofswerda das Baby angekommen. Unser kleiner Bruder wurde Peter genannt und von uns Großen bewundert und verwöhnt, wann immer es möglich war.

Neue Freundinnen und Alltag in Großenhain

Weil sonnabends noch Schule war, hatte ich es immer ganz besonders eilig, wenigstens einen Tag zu Hause bei meinen Geschwistern zu sein. Ich nahm schon früh das Fahrrad mit in die „Clara", fuhr dann wie ein geölter Blitz ans andere Ende der Stadt zum Berliner Bahnhof, stellte das Rad ab und bekam so gerade noch den Zug in Richtung Dresden. Dann ging es mit dem Zittauer Zug weiter heimwärts. Ich hatte solche Sehnsucht nach meinen Geschwistern, und auch Steffen hatte oft Wochenendurlaub von der KJS (Kinder- und Jugendsportschule) und wir genossen das Wiedersehen sehr.

Während ich im Zug saß, holte Petra W. aus meiner Klasse am Nachmittag das Rad vom Bahnhof ab und stellte es bei sich im Keller sicher unter. Meine Schulsachen trugen Sabine oder Regina nach Schulschluss zu Tante und Onkel. Ich brauchte also nur mit der Reisetasche zum Bahnhof zu jagen. Dabei kam mir mein Rad-Training der vergangenen Jahre zugute. Das gleiche Spiel wiederholte sich Woche für Woche. Nie ließ mich eines der Mädchen hängen. Es klappte immer wie am Schnürchen. Fast war das 9. Schuljahr um. Am Himmelfahrtstag (damals war der Feiertag noch nicht abgeschafft) schmückten wir Mädchen unsere Räder und unternahmen auch eine Himmelfahrtspartie nach Moritzburg. Verpflegung hatten alle reichlich mit (keinen Alkohol!), und so wurde der Tag ein voller Erfolg. Unterwegs staunten zwar einige Leute verwundert über unsere Mädchentruppe, waren doch traditionsgemäß nur Männer unterwegs. Aber uns störte das nicht, und wir hatten einen tollen Tag und viel Spaß.

Am nächsten Tag war wieder Schule, und der Alltag hatte uns wieder. Meine Hausaufgaben erledigte ich immer oben in meinem Kämmerchen. Abends kontrollierte Onkel, ob ich alles ordentlich erledigt hätte. Er fühlte sich dazu verpflichtet, hatte er doch für mich während meines Aufenthalts in Großenhain die Verantwortung übernommen. Ich fand diesen abendlichen

Rapport keinesfalls prickelnd, war ich doch von Beginn meiner Schulzeit an absolute Selbstständigkeit gewohnt und nie kontrolliert worden. Heute sehe ich Onkels Beweggründe ein, damals fand ich die Kontrolle sehr nervig.

Auch etwas anderes belastete mich mehr und mehr: Zu Hause gab es fast nur noch Streit. In Großenhain spitzte sich die Situation zwischen Lore und ihrem Ehemann Hans immer mehr zu. Bei so engem Beieinandersein blieb das natürlich nicht verborgen. Was der eigentliche Grund für das Zerfallen der Ehe war, weiß ich nicht. Lore wartete nächtelang auf ihren Mann und konnte nicht schlafen.

Um etwas zur Ruhe zu kommen, begann sie damit, Schlaftabletten zu nehmen. Das wurden mehr und mehr. Sie taumelte oft, stürzte, verletzte sich gefährlich, und das in immer kürzeren Abständen. Tante musste hilflos zusehen, Onkel versuchte zu helfen und begann damit, liegen gebliebene Schülerarbeiten zu korrigieren. Die Apotheke verkaufte kein „Benedorm" mehr, und Lore bat in ihrer Verzweiflung meine Mitschüler, mich und Nachbarn, ihr das Mittel zu besorgen. Ich saß ganz schön in der Klemme und versuchte dem zu entfliehen, indem ich immer öfter „oben" abtauchte, dort Lothars Bücher las und bis spät in die Nacht schrieb. Das entging Onkel nicht. Das Licht meiner Deckenleuchte spiegelte sich in den Scheiben des gegenüberliegenden Hauses, und am nächsten Morgen teilte Onkel mir ärgerlich mit, ich hätte doch wieder ewig „gepinselt" und nicht geschlafen. Aber nur so konnte ich mein Heimweh, die Sorge um die Streitereien zu Hause und auch um Lore verarbeiten.

Zum Glück zog Lore die Notbremse. Sie machte eine mehrmonatige Therapie, kam von dem Teufelszeug los und war wieder wie früher. Ihren sehr geliebten Beruf gab sie auf, schulte um und hatte ihr Leben wieder im Griff – eine starke Leistung, die viel Kraft kostete und erst möglich wurde, weil sie ihre Abhängigkeit zugab und mit aller Kraft bekämpfte. Dafür hat sie noch heute, viele Jahre nach ihrem Tod, meine Hochachtung!

An einem der „Pinsel-Abende" rumorte es seltsam vor meiner Tür. Nach einigen Minuten senkte sich langsam die

Türklinke. Ich sprang panisch auf, hielt die Tür mit aller Kraft zu und wartete ab, dass der Spuk ein Ende haben möge. Inzwischen erkannte ich die vor der Tür lallende Stimme. Es war der einige Jahre ältere Sohn der Nachbarn. Er bewohnte auch eine der Bodenkammern und hatte sich Mut angetrunken. Nun wollte er unbedingt in mein Kämmerchen.

Zum Glück besaß ich genug Kraft und er durch die Sauferei zu wenig. Nach etwa einer halben Stunde gab er auf.

Ich hörte schwere Schritte, die sich entfernten, und erst jetzt wurde mir der Ernst der Lage richtig bewusst.

Am nächsten Tag besorgte Onkel eine große Messingglocke für mich. Damit sollte ich „Sturm läuten", falls sich Ähnliches wiederholen sollte. Die Zimmertür war nicht abschließbar.

So war dies die einzig mögliche Alternative gegen den aufdringlichen Verehrer. Dessen Vater und Onkel hatten ein 4-Augen-Gespräch, und ich wurde nicht mehr belästigt.

Nun begann der Endspurt in der Schule. Gleichzeitig hieß es sich bewerben um eine Lehrstelle oder einen Studienplatz. Die Prüfungen standen an, und die Zeit wollte sinnvoll genutzt und sehr gut eingeteilt werden, wenn ich am Wochenende nach Hause fahren durfte. Jedes Wochenende fuhr ich heim. Sonnabend gegen 15.30 Uhr war ich zu Hause. Am Sonntag ging es nachmittags wieder nach Großenhain zurück. Fast die ganze Zugfahrt über kämpfte ich mit den Tränen. Vor allem meine Geschwister fehlten mir sehr. Da half auch der Trubel bei Onkel und Tante nicht, ich litt wie ein Hund an Heimweh.

Berufswahl

Alle unsere Lehrer mühten sich redlich, uns so gut wie irgend nur möglich auf den Abschluss und den dann kommenden „Ernst des Lebens" vorzubereiten. Für mich standen schon seit sehr langer Zeit drei mögliche Berufe in der engeren Auswahl. 1. Tischlerin (ich arbeite gern mit Holz. Den Kaninchenstall für meine Kaninchen hatte ich mit 12 oder 13 Jahren ganz allein gebaut – mit Türscharnieren, Dachpappe und allem, was dazu gehört), 2. Töpferin mit anschließendem Studium zur Formgestalterin. Jede freie Minute hatte ich in Bischofswerda in der Töpferei zugebracht. Mich faszinierte, wie aus einem einfachen Klumpen Ton die herrlichsten Dinge entstanden. Bei diesem Wunsch gab es einen Haken: Man musste durch den Lehrbetrieb zum Studium delegiert werden. Das klappte nicht immer, und man blieb dann bei einem sehr geringen Lohn an der Drehscheibe, viele bekamen Haut- und/oder Rückenprobleme; 3. Lehrerin. Was mich dort erwartete, wusste ich. Vater, Onkel und auch Lore arbeiteten in diesem Beruf.

Ich hatte schon immer gern anderen Kindern beim Lernen geholfen und ihnen erklärt, was sie noch nicht verstanden. Meine jüngeren Geschwister gaben mir reichlich Gelegenheit zum Üben. So entschied ich mich nach kurzer Überlegung dazu, meine Bewerbungskarte am Institut für Lehrerbildung in Großenhain abzugeben. In diesem Beruf konnte ich mit Holz arbeiten (Werken), mit Ton umgehen (Arbeitsgemeinschaft) und mit Kindern zusammen sein. Ich schlug also drei Fliegen mit einer Klappe. Zwei meiner Klassenkameradinnen entschieden sich ebenfalls dafür. Herr Wöllert freute sich sehr über unseren Berufswunsch, gab uns noch wichtige Hinweise für das bevorstehende Bewerbungsgespräch, und dann wurde es ernst.

Ich erzählte ja schon, dass ich kein Prüfungstyp bin oder es je war. Wenn andere noch aus dem allerletzten Winkel ihrer Gehirnwindungen auch das letzte Krümel Wissen aktivieren, ist bei mir plötzlich Leere und Kahlschlag: alles weg.

So ging ich also entsprechend aufgeregt mit Tantes Zusicherung, mir die Daumen zu drücken, zum Gespräch. Eigentlich ging alles recht ungezwungen zu. Die Prüfungskommission
- wollte die Gründe für unseren Berufswunsch wissen,
- fragte aktuelle Politik ab (national und international),
- ließ uns ein Diktat und einen Aufsatz schreiben,
- ließ uns Sachaufgaben lösen,
- fragte uns nach Hobbys und Freizeit.

Gut gedrillt antworteten die meisten auf die Frage nach dem Lieblingsbuch: „Wie der Stahl gehärtet wurde" (Ostrowski) oder „Werner Holt" (Buch und Film). Beides war Pflichtliteratur. Besonders das Buch „Die Abenteuer des Werner Holt" ist ein sehr eindringliches Antikriegsbuch. Auch den Film fand ich hervorragend gelungen: nicht reißerisch aufgemacht, gerade deshalb sehr überzeugend.

Bei mir war Leere. Offensichtlich lügen wollte ich nicht. Das hätten die Prüfer sicher sowieso gemerkt. So antwortete ich wahrheitsgemäß, dass ich gern ins Theater ginge und auch ein Anrecht hätte.

Nun wollte die das aber noch genauer wissen. Vor lauter Aufregung antwortete ich auf die Frage nach meinem Lieblingsstück: „Die Fledermaus". (Ich war der Meinung, sie müssten es kennen und ich müsse nicht so viel dazu erklären.) Meine Antwort führte zu allgemeinem Raunen, dann Heiterkeit in der Runde. Ich durfte den Raum verlassen und bekam einige Wochen später eine schriftliche Zusage. Onkel hatte mir aber inzwischen wegen meiner „Fledermaus-Antwort" nicht allzu viel Hoffnung gemacht, waren doch damals gerade Operetten als nicht zeitgemäß sehr verpönt und galten als ein Überbleibsel vergangener Zeiten, absolut untauglich für den Sozialismus.

Vielleicht aber saß ja auch ein Operettenliebhaber in dem Gremium?

Wie auch immer: Wir bekamen alle drei eine Zusage, waren überglücklich und gingen die nun anstehenden Abschlussprüfungen der POS ruhiger an.

Tanzen und Verlieben

Wie ich schon mehrfach schrieb, hatte ich enorme Komplexe wegen meiner Haarfarbe und lehnte ab, wenn mich jemand aufforderte, mit zum Tanz zu gehen. Damals spielten noch echte Musiker auf der Bühne: „Stern-Combo Meißen", „Die Oberländer", „Studio 66", „Fred-Herfter-Combo", die „Puhdys" und viele andere. Bei einem Versuch, auch mal tanzen zu gehen, kam ich nur bis zur Saaltür. Ich stand dort, um nach einem freien Platz Ausschau zu halten. Da brüllte irgendein Idiot über den Saal: „Schon wieder ein Fuchs und keine Flinte!" Ich hatte das Gefühl, alle starrten mich an.

Mir schossen die Tränen in die Augen, und ich holte, so schnell ich konnte, meinen Mantel und die Schuhe (die Tanzschuhe wurden in einem Beutel mitgenommen und erst vor Ort gewechselt) an der Garderobe ab und schwor mir, nie wieder das Klubhaus zu betreten.

Inzwischen war etwa ein halbes Jahr vergangen, und die um ein Jahr ältere Elke überredete mich Ostern 1967 dazu, doch noch einmal mitzukommen. Auch Mutti redete mir zu, sonst wäre doch die ganze Tanzstunde umsonst gewesen. Ich ließ mich überzeugen und ging halbherzig mit. Diesmal gab es keinen unangenehmen Zwischenfall, und ich hatte allerhand Tänzer. Manchmal standen gleich zwei vor mir, verbeugten sich und fragten: „Darf ich bitten?"

So war das üblich. Damit ich niemanden verletzte, tanzte ich immer mit dem, der zuerst sein Sprüchlein sagte. Das ging so bis zur Pause.

Die war damals 22.00 Uhr bis 22.30 Uhr. Jetzt teilte mir Elke mit, mein häufigster Tänzer sei elf Jahre älter als ich, bereits geschieden und habe auch ein Kind; ob ich das nicht wüsste.

Nein, ich wusste nichts, und die Sache wurde mir zu heiß. Am entgegengesetzten Ende des Saales hatte ich Verwandte entdeckt. An dem 8-Personen-Tisch war noch ein Platz frei, und ich setzte mich dort hin. So fühlte ich mich sicherer.

Außer den zwei Verwandten hatten noch zwei andere Pärchen und ein einzelner Tänzer Platz genommen. Er forderte mich nun mehrfach auf, und beim 3. Anlauf klappte es. Wir unterhielten uns gut, tanzten nun fast jede Tour zusammen, und er brachte mich auch, als 0.30 Uhr, wie immer damals, Schluss war, nach Hause. Ganz hoch rechnete ich ihm an, dass er sich wirklich nur mit mir unterhielt, mich nicht bedrängte und mich höflich fragte, ob und wann wir uns wiedersehen könnten. Inzwischen hatte ich meinen netten Kavalier erkannt. Es war der Offiziersschüler, der mir schon in Großenhain aufgefallen war.

Wenn ich nun an den Wochenenden zu Hause war, sahen wir uns regelmäßig. Dabei diente mir oft unser kleiner Bruder als Alibi, denn so ohne Weiteres zu einem Rendezvous durfte ich natürlich nicht. Heute fragt kein fast 17-jähriges Mädchen mehr deshalb. Ich packte den Kleinen also in den Kinderwagen. Unter dem Vorwand, mit ihm an die frische Luft zu müssen, schob ich los.

Dieter 1967.

An der Ecke wartete Dieter schon, und gemeinsam fuhren wir mit meinem kleinen Bruder im Schlepptau durch die Stadt, an die Bürgerteiche, den Horkaer Teich, durch den Stadtwald oder kreuz und quer durch die Stadt. Pünktlich zur nächsten Mahlzeit war ich mit Peter zurück. Daran hielt ich mich exakt.

So ging die Sache mit meinen Verabredungen auch einige Wochen ganz gut, und weder die Eltern noch die Großeltern bekamen „Wind" davon.

Eines Tages erfuhr Opa durch einen Stammkunden von meinen heimlichen Treffen. Der wohnte wie Dieter in Schmölln und hatte uns zusammen gesehen. Zuerst waren ihm meine roten Haare aufgefallen, und er erkannte mich als „Handrichs Enkeltochter". So wurden wir überall genannt.

Gaben wir etwas in die Reinigung, beim Schuster oder sonst irgendwo ab, schrieben die Angestellten immer den Namen meines Großvaters auf und nicht unseren. Sie hatten mit der Schreibweise und der Aussprache so ihre Probleme. Oft versuchten sie es auch gar nicht erst und wählten gleich den einfacheren Weg. So, wie wir als „Handrichs Enkel" fast allen Alteingesessenen in Bischofswerda bekannt waren, erging es auch Dieter. Sein Vater war seit 1947 Lehrer an der Schmöllner Schule. Auch im Kulturbund engagierte er sich sehr. Er leitete das Schmöllner Museum, führte Wanderungen für die FDGB-Urlauber („Freier Deutscher Gewerkschaftsbund") und Mundartabende im Ferienheim durch, leitete die AG „Junge Historiker" und einen Schulchor, war Mitglied der Schulleitung und im Geflügelzüchterverein. Durch seine unglaublich vielen Aktivitäten war und ist er ein sehr bekannter und gefragter Mann, und auch seine Kinder kannte jeder im Dorf. Erst kürzlich wurde er der erste Ehrenbürger seines Heimatortes.

So kam es also zur Enttarnung unserer Treffen, und ich musste genauestens Rede und Antwort stehen: zuerst bei den Großeltern, dann zu Hause. Das kam mir vor wie zur Zeit der Inquisition.

Als Oma erfuhr, dass Dieters Mutter in der Kinderbücherei arbeitete, ergriff sie die Initiative. Sie brachte einige ausgeliehene Bücher zurück und stellte sich dort auch gleich als meine Oma vor. Natürlich trat sie diesen Bibliotheks-Besuch nicht ohne hellen Strohhut und dünne weiße Spitzenhandschuhe an. Ich erzählte ja bereits, welchen Wert sie auf angemessene Kleidung, Sprache und gutes Benehmen legte. Dabei wirkte sie niemals arrogant und überheblich. Benahm sich jemand „daneben", stellte Oma nur sachlich fest: „Er hat kein Pli" (franz. für Anstand/Benehmen). So achtete sie auch immer darauf, dass Besuche nie vor 11.00 Uhr abgestattet wurden. Das gehörte sich nicht.

Doch zurück zu Omas Bücherei-Besuch: Dieters Mutter nahm die Bücher entgegen und bemühte sich sehr, auf Omas Gespräch höflich und belanglos zu antworten. Sie hatte nicht die geringste Ahnung, wer „Martina" ist, war ich doch nicht die erste Freundin ihres ältesten Sohnes. Das konnte wiederum Oma nicht ahnen.

Anscheinend endete die Visite zufriedenstellend. Sie erzählte zu Hause von der netten, gebildeten Bibliothekarin, und auch Opa hatte nichts gegen unsere Rendezvous einzuwenden. Allerdings sollten möglichst immer Iris oder Peter als „Anstands-Wauwau" dabei sein.

Opa wollte nun bald den jungen Mann kennenlernen, an den ich mein Herz verloren hatte, und lud Dieter zum Mittagessen ein, um ihn auf Herz und Nieren zu prüfen. Als leidenschaftlicher Hobby-Gärtner war Opa besonders angetan von Dieters Beruf: Gärtner. Gleich nach der Ausbildung war Dieter an die Offiziersschule nach Löbau geworben worden. Man hatte ihm bei der Musterung im Wehrkreiskommando versprochen, das wäre für ihn als begeisterten Sportler und ausgezeichneten Leichtathleten (100 m in 11,6 Sekunden war damals eine sehr gute Zeit) der ideale Beruf.

Bald merkte er aber, dass alles nur Propaganda war und die Wirklichkeit ganz anders aussah. Es gab unter der zukünftigen Armee-Elite sogar Kameraden-Diebstahl. Auch mit vielen politischen Dingen war er nicht einverstanden. Nach einem sehr, sehr harten Kampf gelang es ihm, nach zwei Jahren entlassen zu werden. Alle, die einen Beruf erlernt hatten, verließen die NVA-Offiziersschule wieder. Nur diejenigen, die gleich nach dem Abitur zur Armee gegangen waren, blieben. Das hätte doch selbst den borniertesten Offiziers-Ausbildern zu denken geben müssen!

Nachdem die Großeltern recht offen reagiert hatten, tat sich unerwartet ein neues Problem auf: Vater reagierte nicht so, wie ich es mir gewünscht und erhofft hatte. Er war schlicht und einfach eifersüchtig. Einmal tauchte er sogar auf dem Tanzsaal auf, und es gab eine recht unschöne Szene. Seine Tante Gerti hatte mir aus West-Berlin weiße Plastik-Ohrclips geschickt. Die führte ich an diesem Abend stolz aus. Kleine weiße Blüten waren die eigentlichen Clips. An ihnen hing ca. 1,5 cm tiefer eine Kugel, die auch mit winzigen kleinen Blüten bedeckt war. Diese Kugeln hatten allerhöchstens 1,5 cm Durchmesser, also kein Vergleich mit den heute modernen Kreolen u. ä. Ohrgehängen. Vater fand diese Ohrringe aber unmöglich und zu aufreizend. Er verlangte lautstark, ich solle sie sofort abnehmen. Ich würde aussehen wie eine Nutte, und als ich nicht tat, was er verlangte, wollte er mir diese schändlichen Dinger selbst von den Ohren reißen. Dieter zog mich weg. Andere Gäste waren bereits aufmerksam geworden, und mir war Vaters Auftritt mehr als unangenehm. Er hatte, wie so oft in letzter Zeit, zu viel getrunken …

Auch zu Hause war es meist kaum noch erträglich. Deshalb hielt ich mich meist entweder bei den Großeltern auf oder war zunehmend mit Dieter zusammen. Bald luden mich auch seine Eltern zum Kaffeetrinken ein. Ich wurde sehr herzlich empfangen, und meine jetzige Schwiegermutter sprach mich mit „Sie" und „Fräulein Martina" an. Das war wieder eine neue Erfahrung für mich.

Bei diesem Besuch erfuhr ich auch, dass mein Freund nicht nur Dieter, sondern Hans-Dieter hieß. Sein Onkel Hans war im Kaukasus gefallen, und ihm zu Ehren hatte er den Doppelnamen erhalten.

Während des Schreibens ist mir erst bewusst geworden, *wie* sehr unsere Generation der Nachkriegskinder doch noch vom Krieg geprägt war und immer wieder direkt (Verwundungen der Väter) oder indirekt durch Erzählungen, Namensgebungen, gefallene Angehörige oder Ruinen, Stromsperren, Lebens- und Konsummittelknappheit vom Kriege begleitet wurde.

Inzwischen war es langsam Sommer geworden. Wir trafen uns nun auch immer öfter zum Schwimmen im Steinbruch. In der Bischofswerdaer Umgebung gibt es eine Menge davon. Noch heute wird am Fuße des Klosterberges Granit abgebaut und in alle Welt, auch nach Übersee, verschickt. Der Lausitzer Granit ist wegen seiner besonderen Härte sehr gefragt. Da auch die Menschen dort bei Bedarf sehr stur sein können, gibt es das Sprichwort: „Du hast einen richtigen Lausitzer Granitschädel."

Um an die Wasseroberfläche zu gelangen, muss man allerhand riskieren. Wir kletterten jedes Mal etwa 80 Meter in die Tiefe, um dann im klaren und sehr eisigen ca. 50 bis 70 Meter tiefen Wasser zu schwimmen. Der Abstieg war schon schwierig – aber wieder hochzusteigen, empfand ich als noch schlimmer! Aus heutiger Sicht sage ich: Es war nicht nur riskant, sondern fast etwas für Lebensmüde. Aber alle jungen Leute machten es, und es passierte nie etwas. Erst als auch Dresdner das Badevergnügen im eiskalten Steinbruchwasser für sich entdeckten, kam es zu Unfällen. Sie wussten nicht, wo dicht unter der Wasseroberfläche Steine lagen, sprangen hinein und verletzten sich schwer. Auch beim Auf- und Abstieg stürzten Fremde ab, weil sie sich mit losen Steinen (sogenannten Klapperwänden) nicht auskannten.

Eines Tages fühlten wir uns beobachtet. Dann entdeckte Dieter einen Mann mit Fernglas auf der gegenüberliegenden Seite des Steinbruchs. Der Spanner hatte uns beim Küssen beobachtet. Ich war empört, und wir gingen eine Weile in einen anderen Steinbruch baden. Wenn auch nichts Verbotenes zu beobachten war, fühlte ich mich an unserer alten Stelle dennoch nicht mehr wohl und hatte eine Riesenwut auf diesen Spanner auf seinen Beobachtungsposten.

Bald waren die Sommerferien vorbei, und ich musste wieder jede Woche nach Großenhain fahren. Mein 1. Studienjahr begann, und ich wohnte fortan nicht mehr bei Onkel und Tante, sondern im Wohnheim auf dem Kupferberg. Sie waren, wie meine Eltern, der Meinung, junge Leute gehören zu jungen Leuten. Außerdem ging es Tante gesundheitlich nicht so gut, und sie war sicher für etwas weniger Trubel in der Wohnung dankbar. Die zwei Jahre bei ihnen hatten dazu beigetragen, meinen Horizont zu erweitern. Außerdem war ich selbstständiger und auch etwas selbstbewusster geworden, denn es gab ja kein Mobbing mehr.

Im Wohnheim teilten sich vier Mädchen einen Aufenthaltsraum mit einem Tisch, zwei Stühlen, einer Eckbank, einem Schulregal, zwei Schränken, einem Papierkorb, einem Spiegel und einer Wandzeitung. Zwischen zwei Aufenthaltsräumen lag jeweils ein Schlafraum mit vier Doppelstockbetten. Die Wandzeitung war immer aktuell zu gestalten, und der Wohnheimrat kontrollierte, dass z. B. keine bunten Ansichtskarten aus dem nichtsozialistischen Ausland zu sehen waren. Sie hätten uns evtl. ablenken können. So ein Quatsch!

Bevor der eigentliche Studienbetrieb losging, sollten wir uns in der sozialistischen Landwirtschaft bewähren. Dazu fuhr uns und andere Studenten ein Sonderzug nach Parchim in Mecklenburg, Bezirk Schwerin. Dort erwartete uns ein Bus. Der brachte alle vier Klassen nach Kossebade. Die nächsten Wochen unterstützten wir die „Erntekapitäne" (ein damals gängiger Begriff) bei der Kartoffelernte. Übung hatten wir ja alle vom Kartoffellesen während der Schulzeit. Es gab aber auch Unterschiede: Die Reihen nahmen *nie* ein Ende. Oft schaffte man bis zum Dunkelwerden gerade so eine Reihe. So riesig waren die Felder!

Die sozialistische Hilfe war kostenlos. Als Gegenleistung wurden wir von der LPG (Landwirtschaftliche Produktionsgenossenschaft) verpflegt. Ich erinnere mich, dass die Bauern in dieser Zeit zwei Schweine schlachteten.

Im Speiseraum hingen die 10 Gebote der sozialistischen Moral und Ethik. Man hatte sie während der Mahlzeiten immer vor Augen.

Walter Ulbricht verkündete auf dem V. Parteitag der SED (10.–16. Juli 1958) diese Gebote der sozialistischen Moral und Ethik:

1. Du sollst dich stets für die internationale Solidarität der Arbeiterklasse und aller Werktätigen sowie für die unverbrüchliche Verbundenheit aller sozialistischen Länder einsetzen.

2. Du sollst dein Vaterland lieben und stets bereit sein, deine ganze Kraft und Fähigkeit für die Verteidigung der Arbeiter-und-Bauern-Macht einzusetzen.

3. Du sollst helfen, die Ausbeutung des Menschen durch den Menschen zu beseitigen.

4. Du sollst gute Taten für den Sozialismus vollbringen, denn der Sozialismus führt zu einem besseren Leben für alle Werktätigen.

5. Du sollst beim Aufbau des Sozialismus im Geiste der gegenseitigen Hilfe und der kameradschaftlichen Zusammenarbeit handeln, das Kollektiv achten und seine Kritik beherzigen.

6. Du sollst das Volkseigentum schützen und mehren.

7. Du sollst stets nach Verbesserung deiner Leistungen streben, sparsam sein und die sozialistische Arbeitsdisziplin festigen.

8. Du sollst deine Kinder im Geiste des Friedens und des Sozialismus zu allseitig gebildeten, charakterfesten und körperlich gestählten Menschen erziehen.

9. Du sollst sauber und anständig leben und deine Familie achten.

10. Du sollst Solidarität mit den um ihre nationale Befreiung kämpfenden und den ihre nationale Unabhängigkeit verteidigenden Völkern üben.

Das Essen war reichlich und sehr schmackhaft, und wir futterten nach der ungewohnten Arbeit an der frischen Luft mit gutem Appetit.

Da wir täglich nur Arbeitssachen trugen, merkten alle erst beim Heimfahren und dem Wechsel in die „Zivil"-Kleidung, dass wir allerhand mehr auf den Rippen hatten als bei der Ankunft.

So ein Massenaufkommen junger Mädchen war natürlich in dem kleinen Ort ein willkommener Anlass für die Bäuerinnen, nach einer Schwiegertochter in spe Ausschau zu halten.

Es gab kaum junge Frauen im Ort. Entgegen der Intention der Initiative der 1950er-Jahre „Stadtjugend aufs Land" waren vor allem die jungen Frauen in die Städte gegangen. Sie wollten einen geregelten Feierabend und eine leichtere Arbeit haben, als Verkäuferin, Friseurin oder im Büro arbeiten, auch mal ins Kino gehen u. ä. mehr. Die übrig geblieben Söhne wurden uns wie Sauerbier angeboten: Die Mütter wetteiferten regelrecht miteinander und versuchten, uns von den Reizen und Vorteilen ihrer Söhne zu überzeugen. Sie berichteten von der

Anzahl der Tiere im Stall (bei Typ-I-LPG war die Viehhaltung noch individuell), der Höhe des Sparguthabens und der Lage und Beschaffenheit der Wiesen und Felder. Wir empfanden das nur als peinlich. Keine von uns ließ sich von den Vorzügen der so angepriesenen Söhne verlocken, denn fast alle hatten einen Freund zu Hause. Ihm wurde täglich brieflich berichtet (Telefon hatten nur der Bürgermeister, der LPG-Vorsitzende und der Arzt im Nachbarort). Ohnehin wollte niemand in so einer Gegend, wo sich Fuchs und Hase „Gute Nacht" sagten, bleiben. Es gab kein Geschäft; einmal täglich fuhr ein Bus bis Parchim, und in der Freizeit konnte man nur eines: Pilze suchen. Die gab es mehr als reichlich. Aber irgendwann hat auch der begeistertste Pilzsammler das Suchen und Essen dieser kleinen Gewächse satt.

Also verlegten wir uns noch intensiver aufs Briefeschreiben. Auf diese Weise bekam auch Tante Liesel Bauer (mit dem Höhrrohr) Post von mir, und da ich natürlich auch Antwort haben wollte, schrieb ich ordnungsgemäß den Absender Kossebade, LPG „Roter Oktober" auf (das bezog sich auf die Oktoberrevolution 1917 in der Sowjetunion).

Die alte Dame antwortete mir prompt. Sie gab aber eine neue Adresse an. Da ihr der Begriff „Roter Oktober" anscheinend nichts sagte, hatte sie die LPG in „Roter Adler" umgetauft. Der Adler als Wappentier war ihr geläufiger, und sie hatte das mit dem Oktober für einen Schreibfehler meinerseits angesehen.

Erst nachdem der Inhalt des Schreibens genauestens kontrolliert worden war, wurde ich zu unserem Klassenlehrer (ein ehemaliger NVA-Offizier) bestellt, wurde wegen des revanchistischen Adlers verwarnt und musste mich für die alte weltfremde Tante entschuldigen. Sie hatte mir nur eine Freude machen wollen. Politik und erst recht Revanchismus lagen ihr mehr als fern.

Durch die Arbeit wurden wir nun auch nicht nur hungrig, sondern auch schmutzig und verspürten mehr und mehr den Wunsch, uns mit warmem Wasser zu waschen oder evtl. mal zu baden. Wir veranstalteten also ein Badefest. Das sah so aus: Wir sammelten Holzstücke, mausten reichlich Stroh und erhitzten in Zinkeimern Wasser. Das gossen wir in große Holzkübelwannen. In dieses Wasser stiegen wir nacheinander hinein und genossen das Vollbad, auch ohne Shampoo. Nur ganz wenige Mädchen nahmen nicht an diesem Massenbadefest teil. Für alle anderen war der unangenehme eigene Geruch störender als ein Gemeinschaftsbad auf der Tenne.

Nun waren wir schon einige Wochen dort und hatten einen ganz wichtigen Auftrag noch nicht erfüllt: Jede Klasse sollte einen kulturellen Beitrag für „ihr" Dorf leisten. Das war für die zwei Klassen, die neben Deutsch und Mathe das Wahlfach Musik hatten, leicht. Sie besaßen Gitarren, konnten singen, musizieren. Mit ein paar passenden Rezitationen stand ihr Programm.

Bei uns Werken-Leuten sah die Sache schwieriger aus. Keiner beherrschte ein Instrument, nur eine Studentin spielte Triola. So war guter Rat echt teuer.

Die Scheune – unsere Unterkunft.

Seit Wochen frisierten wir schon die Frauen des Ortes und schnitten allen bei Bedarf auch die Haare. Aber das war noch lange kein Kulturprogramm, auch wenn es entfernt mit (Körper-)Kultur zu tun hatte. Irgendwann kam uns die zündende Idee. Wer sie hatte, weiß ich nicht mehr: Wir zogen von Haus zu Haus, fragten die Traktoristen und auch in der Verwaltung der LPG nach Schallplatten. Auf unserer Betteltour bekamen wir so einige Schätze zusammen. Der LPG-Vorsitzende lieh uns einen Plattenspieler – der Tanz nach Platten konnte beginnen. Den Begriff „Disco" gab es da noch längst nicht. Vorher malten wir emsig Plakate, organisierten Gläser und Getränke, schmückten den Speisesaal der LPG, Essen stellte die LPG gegen Bezahlung durch die Gäste bereit.

Nun ging es ans Aufhängen der Einladungsplakate. Auch in den Nachbardörfern verteilten wir welche. Dabei erfuhren wir, dass seit vier Jahren keine Tanzveranstaltung stattgefunden hatte. Entsprechend groß war auch der Ansturm. Nun galt es noch, auch eine Bar aufzubauen. Nach dem Mittagessen stellten wir immer je zwei Tische übereinander, behängten diese mit unseren benutzten, aber vorher glatt gebügelten Betttüchern, schmückten diese Bar mit selbst gemalten Plakaten – fertig. Eintritt frei – Es konnte beginnen. Heute wäre so eine Aktion schon allein wegen der mangelnden Hygiene unvorstellbar. Aber Not macht eben erfinderisch.

Diese Idee brachte eine ungeahnte Lawine ins Rollen. Bald quoll der Speisesaal über. Von allen umliegenden Dörfern waren Tänzer gekommen. Zum einen hatte es seit ewigen Zeiten keine Tanzveranstaltung gegeben. Ein anderer Grund war der Mangel an Tänzerinnen. Nun gab es gleich ein Überangebot durch uns Studentinnen.

Was sich so vielversprechend anließ, wurde uns bald unheimlich. Nachdem einige junge Männer mehr getrunken hatten, als sie vertragen konnten, kam es zu handfesten Prügeleien, Gläser gingen zu Bruch, wurden auch z. T. als Waffe benutzt. Uns blieb nur eins: die Veranstaltung mit möglichst wenig Schaden beenden. Einige kletterten aus Angst vor den prügelnden Gästen gleich zum Fenster hinaus. Da wir alle zusammen in einer Scheune schliefen, waren wir am Ende froh: Alle waren da, alle waren gesund. Nun wollten wir schlafen, denn es war bereits früh am Morgen, und um 7 ging es ja wieder aufs Feld.

Unsere Scheune ließ sich nicht abschließen. Nach oben führte eine schmale Holzstiege. Plötzlich wurden wir durch komische Geräusche hellwach: Einige unserer Gäste fühlten sich durch den genossenen Alkohol anschließend so stark, um uns mit ihrem gar nicht erwünschten Besuch zu beglücken. Es rumorte immer kräftiger, lallte immer lauter, die Schritte kamen immer näher. Einige unserer Mädchen verkrochen sich ängstlich unter der Decke. Die meisten aber waren zu Angriff und Verteidigung bereit. Da die Herren der Schöpfung sowieso schon unsicher auf den Beinen standen, nahm Renate F. einen in der Ecke stehenden Besen und kehrte die nächtlichen Besucher kurz entschlossen die Treppe hinunter. Es war ein Bild für die Götter: auf der einen Seite unsere ungebetenen Gäste (etwa 8–12), auf der anderen Seite Renate im Nachthemd mit Blüten und Rüschen, mit langem hängenden Zopf und dem großen Besen bewaffnet. Erst als der Spuk vorüber war, wurde uns die Komik der Situation bewusst. Geschlafen hat in dieser Nacht kaum noch jemand. Nur zu genau lauschten alle, ob die Vertriebenen evtl. mit Verstärkung zurückkämen. Möglich wäre das durchaus gewesen.

Am nächsten Tag erwarteten wir irgendeine Reaktion seitens unseres Lehrers, der Einwohner oder der LPG. Nichts geschah. Alle deckten den Mantel des Schweigens über diesen Vorfall. Wir bekamen nur den Rat, besser nichts in Großenhain oder zu Hause von dem Vorkommnis zu berichten.

Auch diese Zeit ging zu Ende. Als Dank für die Hilfe in der Ernte lud uns die LPG zu einer Fahrt in die wunderschöne Stadt Schwerin und zur Besichtigung des dortigen Schlosses ein.

Dazu kletterten wir auf einen offenen Lkw und setzten uns auf die dort bereitgestellten Bänke. Es konnte losgehen!

Unterwegs winkten wir im Vorbeifahren mit unseren bunten Kopftüchern oder sangen irgendwelche lustigen Lieder. Eine Fahrt mit dem Bus war nicht machbar. Der Bus fuhr zwar hin, aber zurück ging erst am nächsten Morgen eine Fahrt. Wir hatten viel Spaß an dieser einfachen Art des Reisens … Zurück nach Hause ging es wieder mit einem Sonderzug. Unterwegs stiegen immer wieder andere Erntehelfer-Studenten zu. Die Waggons wurden voller und voller, und es ging unendlich langsam voran. Unser Zug hatte keinen regulären Fahrplan und konnte immer nur dann fahren, wenn auf der Strecke kein anderer Zug unterwegs war. Wir schliefen auf den Gängen, wechselten uns sogar im Gepäcknetz ab und waren froh, nach 1,5 Tagen in Großenhain aussteigen zu können. Im Wohnheim duschten wir als Erstes, krochen dann in unser Doppelstockbett und schliefen wie tot. Am nächsten Tag war Heimfahrt nach Hause angesagt. Wie alle freute ich mich sehr darauf. Ich hatte meine Familie und auch Dieter lange Wochen nicht gesehen.

Am Samstagabend gingen wir wieder zum Tanz. Vorher kontrollierte Oma natürlich noch sehr genau meine Rocklänge. Mini-Mode war damals aktuell. Meist trug man zum kurzen Rock lange Stiefel aus Knautschlackleder. Auch ich besaß welche in Weiß. Bei uns zu Hause galt als gerade noch zulässig: eine Handbreit über dem Knie. Alles, was kürzer war, nannte Oma unanständig. Ich hielt mich an diese Vorschrift.

Im Klubhaus wurde dann natürlich der Rockbund umgekrempelt und so der Rock künstlich gekürzt. Die Anderen hätten sonst über meinen „langen" Rock gelästert. Auf dem Heimweg wurde er wieder vorschriftsmäßig lang.

Nach dem Tanz brachte mich Dieter nach Hause. Unterwegs blieben wir immer mal wieder stehen, um Zärtlichkeiten auszutauschen. Plötzlich blendete uns eine grelle Taschenlampe. Der ABV stand vor uns, feixte blöd und verlangte unsere Personalausweise. Mir rutschte das Herz in die Kniekehle: Ich hatte keinen Ausweis dabei. Außerdem war die Polizeistunde vorbei und ich noch keine 18 Jahre alt. Mir schwante Schlimmes. Aber ich hatte Glück. Dieter war Anfang 20. So nahm der Polizist an, auch ich wäre volljährig. Er wünschte uns noch einen schönen Heimweg und verschwand wieder in der Dunkelheit. So unverhofft, wie er aufgetaucht war, so plötzlich war er auch wieder weg.

Obwohl wir nur harmlos geküsst hatten, war mir die ganze Angelegenheit recht peinlich. Jahre später erfuhr ich, dass es sein Hobby war, Pärchen zu erschrecken. Sicher hat er sich damit die langweiligen Nachtdienste verkürzt.

Natürlich konnten wir uns nur am Wochenende sehen, manchmal gab es auch am IfL (Institut für Lehrerbildung) andere Verpflichtungen. Dann sahen wir uns auch mal 2–3 Wochen nicht. Da half nur Briefeschreiben. Der Alltag im Wohnheim war streng geregelt: Am Eingang gab es ein Mini-Zimmerchen, ähnlich dem Zimmer des Wachhabenden bei der Armee. Dort saß der SvD, der „Student vom Dienst". Reihum war da jeder einmal dran. Dieser Dienst dauerte einen Tag (die Studienzeit natürlich ausgenommen). Mittags bezog man seinen Posten. Jeder ein- und ausgehende Besucher musste in ein Dienstbuch eingetragen werden. Besuche nach 21.00 Uhr waren nicht gestattet. Männliche Besucher (auch Verlobte oder Ehemänner) durften nur im offiziellen Fernsehraum oder im Foyer empfangen werden. Mitstudenten hatten um 20.00 Uhr das Haus zu verlassen.

Zu den Aufgaben des SvD gehörte es auch, im Notfall Alarm auszulösen, einen Arzt zu rufen und eingehende Gespräche anzunehmen. Diese waren sehr selten. Privatleute besaßen fast nie ein Telefon. So gab es auch kaum Telefonate. Nachts schlief man im SvD-Raum, und früh um 6.00 Uhr wurden alle geweckt. Dazu lief der SvD mit einem Metallgong durch die Gänge, bearbeitete diesen kräftig, und so saß auch der letzte Schläfer, vom lauten Spektakel geweckt, senkrecht im Bett. Auf der anderen Seite unseres Ganges befand sich der Dusch- und Waschraum. Zehn Waschbecken in einer Reihe, je zwei gegenüber, fünf offene Duschen und sechs Toiletten gab es dort. Da war Anstehen vor den Klos vor-

Vor dem Institutseingang hintere Reihe mit Tuch im Haar.

programmiert. Da man von innen nicht verriegeln konnte, stellten wir unter die unten offene Tür einen Hausschuh. Das bedeutete: „Besetzt!" So wurde keiner gestört, und jeder beachtete dieses Ritual.

Anschließend zogen wir in kleinen Grüppchen los, um in der Mensa an der Klosterstraße, gegenüber der Klosterruine, zu frühstücken. Zu Weizenkaffee und Brötchen, Butter und Marmelade konnten die ganz Hungrigen auch noch Milch-, Pudding-, Mehl- oder Haferflockensuppe essen. Unsere Jungen schmierten sich meist noch Fettschnitten für unterwegs. Eine große Schüssel Griebenfett stand immer da.

Von der Mensa zum IfL waren es nur fünf Minuten Fußweg. Dort erwartete uns eines Morgens unser Psychologielehrer, ging auf einen Mitstudenten zu und sagte: „Dies hätte ich aber nicht von Ihnen gedacht." Der Angesprochene stotterte: „Ach, Sie wissen es auch schon?" Herr M. wusste aber gar nichts. Er hatte mal wieder einen seiner berühmt-berüchtigten Tests gemacht und die Lacher auf seiner Seite.

Zu meinen Lieblingsfächern gehörten Psychologie, Kinderliteratur, Deutsch-Stilistik, Tafelzeichnen, Schulhygiene und Russisch. Mathe war nicht ganz so mein Ding. Dafür musste ich echt lernen. Zum Glück unterstützten mich meine Zimmer-Mitbewohner sehr, wenn mal wieder eine „Durststrecke" nahte. Eigenartigerweise unterrichtete ich später sehr gern Mathematik. Vielleicht lag das auch daran, dass ich aus eigenem Erleben wusste, wo die Klippen lagen, und so konnte ich an den richtigen Stellen einhaken. Vielleicht ist es ja auch nur Zufall.

Im Gegensatz zum heutigen Studium ging es bei uns sehr schnell mit der Praxis los. Bereits vor dem Studium war ich Betreuerin im Ferienlager, und auch gleich im ersten Semester hatten wir ein Hospitationspraktikum. Später wurden immer wieder „Unterrichtsversuche" an der „Übungsschule" in Großenhain gehalten. Das waren Stunden, bei denen die eigentliche Lehrerin, alle Mitstudentinnen und der jeweilige Lehrer (etwa Deutsch-Methodik oder Mathe-Methodik) hinten saßen und eifrig mitschrieben. Ich hasste diese Stunden! Nicht den Unterricht und die Arbeit mit den Kindern, aber die vielen Leute drum herum. Dadurch konnte gar keine richtig echte Stundensituation entstehen. Ich fühlte mich und die Kinder immer wie auf einem goldenen Präsentierteller. Einen besseren anderen Vorschlag für die Ausbildung hatte und habe ich aber auch nicht.

Bald ging es zum ersten richtigen Praktikum. Ich landete in einem kleinen Dorf mit dem lustigen Namen Bulleritz. Dort gab es Schulalltag pur, und wir lernten alle viel an unseren Praktikumsschulen. Praktika durchzogen das gesamte Studium, und ich empfand sie sehr wohltuend gegenüber den oft trockenen und langweiligen Vorlesungen. Besonders langweilten mich die Vorlesungen in Marxismus-Leninismus.

Die praktische Arbeit mit Holz, Pappe und Papier begeisterte mich sehr, weniger dagegen das Erstellen von technischen Zeichnungen am Reißbrett. Freies Zeichnen/Malen waren eher mein Ding.

Ich weiß noch genau, wie unser Lehrer mich fragte: „Sagen Sie, hatten Sie Fausthandschuhe an?" Hatte ich nicht, aber ich hatte die nicht passenden Linien einfach durch kräftiger gezeichnete Striche passend gemacht. Ob dicke oder dünne Striche – ich wusste doch, wie das fertige Teil auszusehen hatte. Wir stellten die Holzwerkstücke schließlich nach unseren Zeichnungen her. Bei mir sah es bei der Bewertung oft so aus:

Zeichnung: 3 oder 4
Werkstück: 1
Auch Sportunterricht hatten wir am IfL. Ich wurde zu meiner großen Überraschung in die Judogruppe eingeteilt. Anfangs glaubte ich, das nie zu können. Bald machte es mir aber einen Riesenspaß, und ich legte auch die Prüfung zur Erlangung des orangefarbenen Gürtels ab.

Prüfung zur Erlangung des
orangefarbenen Gürtels.

Während des 3. Studienjahres war dann die Ehe meiner Eltern völlig am Ende und wurde 1970 geschieden. Vor allem meine kleinen Geschwister verstanden die Welt nicht mehr. Wie fast immer in solchen Fällen hingen sie doch an beiden Eltern. Peter war erst vier, Iris neun Jahre alt. Steffen befand sich, wie ich, bereits in der Ausbildung.

Mein Bruder wird flügge

Am 4. August 1969 war er als Lehrling zum Vollmatrosen auf die MS „Büchner" aufgestiegen und hatte so seinen absoluten Traumberuf gefunden. Später studierte er an der Seefahrtsschule in Wustrow. Uns beiden fiel die Trennung für jeweils mehrere Monate recht schwer – alle Jahre waren wir aufeinander geprägt, und einer hatte sich jederzeit auf den anderen verlassen können. Bei mir war die Verantwortung für den „Kleinen" sehr stark verwurzelt. Ich verfolgte aufmerksam die Wetterberichte und hatte bei jedem Sturm in der Biskaya Angst um meinen Bruder.

Nicht nur die Familie, auch Iris' Klasse hielt engen Kontakt zu meinem Bruder. Da er ebenfalls Schüler der A-Schule in Bischofswerda gewesen war, hatte die Lehrerin den Kontakt angekurbelt. In Briefen berichteten die Kinder über ihre Lernergebnisse. Auch an solchen Tage wie Weihnachten dachten sie an ihn.

1969 bestellten sie beim „Seemannstudio Rostock" Weihnachtsgrüße an ihn und wünschten sich das Lied „Black and White". Es sollte ihn auf seiner Fahrt nach Kuba grüßen. In ihrem Weihnachtsbrief hieß es:

„Lieber Matrosenlehrling Steffen!
Wir freuen uns, dass es seit gestern viel geschneit hat. Ganz neugierig sind wir, was wir zu Weihnachten geschenkt bekommen.
Weil wir wissen, dass Sie zum Fest für Peter diesmal nicht den Weihnachtsmann spielen können, sondern mit Ihrem Schiff für unsere DDR auf dem Meer sind, möchten wir Ihnen und der ganzen Schiffsbesatzung ein herzliches Dankeschön sagen. Liebe Grüße von Ihrer Klasse 2a."

Die Antwort aus Havanna kam prompt am 17.12.1969:

„Liebe Klasse 2a!
Ich möchte mich herzlich für eure vielen lieben Grüße bedanken, die ich heute Mittag erhielt. Ich habe mich riesig gefreut, denn wieder mal ein paar Grüße aus der Heimat, noch dazu so viele, habe ich nicht auf einmal erwartet. Wir liegen zurzeit in Havanna. Obwohl es bis zum Weihnachtsfest nicht mehr weit ist, herrschen hier hochsommerliche Temperaturen, und wir fahren manchmal in unserer Freizeit nach Santa Maria, unweit von Havanna, baden.

Trotzdem werden wir, genau wie ihr zu Hause, hier in Kuba den Weihnachtsabend verbringen. Wir freuen uns schon alle sehr darauf.

Wir werden Havanna Anfang Januar verlassen und danach noch einen oder zwei kubanische Zuckerhäfen anlaufen. Von dort geht es entweder noch nach Marokko oder gleich zurück nach Rostock.

Bis dahin wünsche ich euch allen ein frohes Weihnachtsfest, ein gesundes neues Jahr und besonders gute Leistungen in der Schule.

Es grüßt euch herzlich
Euer Steffen

Wenn er nach Monaten auf See zu Hause war, besuchte er seine Patenklasse, sah den Kindern im Unterricht zu und erklärte ihnen, dass man nur dann tüchtig in seinem Beruf sein könne, wenn man gut lerne und sich anständig betrage.

Nach wenigen Tagen zu Haus ging es bald wieder an Bord, und die Angst der Familie war wieder da. Besonders schlimm wurde es, als er während des Vietnamkrieges die Asientour fuhr. Dabei wurde regelmäßig Vietnam angesteuert. Offiziell transportierten die Schiffe der Handelsmarine Hilfsgüter für die Not leidende Bevölkerung. In Wirklichkeit lagen in den gelben Margarinekisten Waffen. Entsprechend der Ladung gab es beim Beladen Löschvorschriften für den Notfall. Stand in den Ladepapieren bei der Rubrik Löschvorschrift *„keine"*, wussten die Seeleute, welche Ladung an Bord war. Offiziell durfte

Steffen im Sommer 1969 in Tropenuniform
Landgangmusterung in Havanna.

über diese Ladung nie gesprochen werden. Steffen erzählte mir
aber trotzdem davon. Ganz extrem wurde es, als Haftminen am
Schiffsrumpf entdeckt wurden und die Besatzung ausgeflogen
werden musste.

Ein anderes Schiff der Deutschen Seereederei Rostock
(DSR), die „MS Frieden", wurde sogar bombardiert, und es
gab leider auch zwei Tote.

Das machte mir selbstverständlich große Angst. Nur zu
Weihnachten, am Geburtstag oder anderen außergewöhn-
lichen Anlässen konnte man mithilfe von „Rügen Radio"
Verbindung in Form eines Seefunk-Telegramms aufnehmen.
Vorher hatten wir fast alles gemeinsam besprochen. Das fehlte
mir nun sehr.

Besondere Einladungen und eine Wasserkur

Inzwischen ging alles wie immer in Großenhain weiter. Wir hatten wieder einmal Praktikum. Diesmal arbeiteten wir in einem Metallbetrieb. Dort lernten wir drehen und fräsen – na ja, das Nötigste. Auch uns Mädchen machte das großen Spaß. Wir gaben uns große Mühe, den Arbeitern in nichts nachzustehen, und frästen, was das Zeug hielt. Nach einigen Tagen nahm uns der Brigadier zur Seite und bat im Vertrauen darum, doch nicht die Norm zu versauen. Das wollten wir den Männern selbstverständlich nicht antun. Ein Höhersetzen der Norm hätte für sie Verdienstverlust bedeutet.

Nie hätte ich damals gedacht, dass meine jüngste Tochter heute eine Ausbildung als Zerspanungsmechanikerin CNC absolvieren würde.

So wechselten sich Theorie, Praxis, Arbeitseinsätze und Prüfungen ab, und bald war das letzte Studienjahr erreicht und damit auch das große Schulpraktikum. Das bedeutete: ein Semester nur Praxis. Nach und nach übernahmen wir Studenten den vollen Unterricht, das Führen des Klassenbuches und vieles andere mehr. Meine Praktikumsschule war in Elstra, Kreis Kamenz. Von meinen Mentorinnen Frau Röhrbein und Frl. Lucke konnte ich unglaublich viel lernen. Leider ist mir der Name meines Werken-Mentors entfallen. Auch er gab mir viele wertvolle Tipps. Alle drei haben bis heute meine Hochachtung.

Während dieser Praktikumszeit hatten wir uns aus „unserer" Klasse einen Beobachtungsschüler auszuwählen. Am Ende war eine umfassende Beurteilung anzufertigen. Diese beinhaltete Zeichnungen des Kindes, Sportergebnisse, Diktate, Aufsätze, Mathearbeiten, Werkergebnisse, Hobbys, andere Interessen, Freundschaften, Umgang und Reaktionen bei Erfolgen und Misserfolgen. Ich suchte mir einen Jungen aus. Olaf war ein fröhliches Kind, ein „echter Junge" mit vielen Hobbys, der mitten in der Klasse stand und als Kumpel sehr gemocht wurde. Seine Schularbeiten erledigte er fix und leicht. Lieber war er draußen – ähnlich wie ich früher in Seifhennersdorf.

Als das Semester sehr erfolgreich beendet war, blieben noch einige Prüfungen und die Abschlussarbeit.

Mein Thema lautete: „Die Erhöhung der Mitverantwortung der gesellschaftlichen Erziehungsträger bei der Bildung und Erziehung in den unteren Klassen – dargestellt am Beispiel des Klassenleiters einer 2. bzw. 3. Klasse mit seinem Elternaktiv". Unter „gesellschaftlichen Erziehungsträgern" verstand man die Patenbrigaden, das Elternaktiv, Sportvereine, die Pionierorganisation und gelegentlich auch einzelne Klassenpaten. Ich wählte für meine Arbeit die Klasse und das Elternaktiv meiner kleinen Schwester Iris aus.

Während der Zeit in Großenhain kam öfter mal eine Einladung der besonderen Art bei uns an.

Wie ich ja schon erzählte, gab es außer der NVA-Panzerkaserne auch noch die Fliegerkaserne der Russen in Großenhain. Sie riefen bei der Institutsleitung an und bestellten einige Klassen oder alle zum Tanz.

Das war für uns ein sehr durchwachsenes Vergnügen. Einfache Soldaten waren nie dort. Die jungen Offiziere benahmen sich höflich, nett und anständig uns gegenüber. Die älteren Offiziere waren aber oft schwierig. Viele benahmen sich sehr herrisch und anmaßend uns gegenüber. Sie als Sieger betrachteten uns als Freiwild, und es war eine regelrechte Gratwanderung, mit ihnen klarzukommen.

Wir hatten die Anweisung, nett zu ihnen zu sein. Eine Mitstudentin kam bei so einem Tanz-„Vergnügen" einmal ganz aufgelöst zu uns anderen und erzählte, ihr Tänzer hätte sie aufgefordert, ihn zu begleiten. Sie sei freundlich geblieben und habe ihm erklärt, dass das nicht ginge. Sie hätte früh Vorlesung und würde sonst verschlafen. Seine Antwort lautete: „Sie nicht verschlaffen! Ich haben sibben Wecker!"

Nun war guter Rat teuer. Wir beratschlagten ganz kurz, nahmen sie in unsere Mitte und marschierten geschlossen in Richtung Wohnheim. Damit riskierten wir einiges. Das war uns aber unsere Freundin wert. Wie viele allerdings auf solche „Angebote" eingingen, weiß ich nicht. Wenn ich ehrlich bin, will ich es auch gar nicht wissen. Aus unserer Klasse, glaube ich, war es keine.

Wir hielten sowieso alle gut zusammen, und es ging recht ruhig in unserem Zimmer zu. Bei so vielen Mädchen auf engem Raum blieb auch kaum eine andere Möglichkeit. Das hätte Terror pur bedeutet. Wir nahmen aufeinander Rücksicht, lernten gemeinsam, schrieben mit Blaupapier die Vorlesungen mit, wenn eine krank war, und hörten abends im Bett leise Radio Luxemburg, den Deutschen Soldatensender oder Rias. Keine verpetzte uns bei der Internatsleitung. Das hätte sonst evtl. die Exmatrikulation bedeutet, da es streng verboten war.

Eine unserer Mitbewohnerinnen schoss allerdings etwas quer. Sie hatte häufiger wechselnde Bekanntschaften und nervte uns mit ihrem späten Heimkommen. Die Betten standen Fußende an Fußende. Wenn sie spät nach oben in ihr Bett kletterte, begann alles zu wackeln, und alle Mädchen, die bereits schliefen, wurden durch die Schaukelei der Doppelstockbetten geweckt.

So heckten wir gemeinsam eine recht fiese Idee aus. Wir entfernten das mittlere Matratzenteil, stellten an seine Stelle eine Schüssel mit kaltem Wasser, spannten das Laken wieder glatt, löschten das Licht und warteten.

Nach einiger Zeit geschah genau das, was wir erwartet hatten: Die Tür öffnete sich, ein Schatten schlich leise zum Bett, kletterte hoch, legte sich hin und – quiekte! Ihr Hinterteil war in der Schüssel gelandet. Wir waren alle recht schadenfroh, taten aber, als schliefen wir. Von nun an kam dieses Mädchen nie mehr zu spät, und eine zweite Wasserkur wurde nicht notwendig.

Der vergessene Strick

An einem Heimfahrtwochenende passierte etwas ganz Seltenes: Die Großeltern, die sich sehr gut verstanden, hatten Streit.

Opa trug Oma buchstäblich auf Händen. Allerdings war er bis ins hohe Alter völlig grundlos eifersüchtig.

Die Sache begann harmlos. Oma ging es nicht so gut. Sie hatte schon im Bett gelegen und stand wieder auf, um, wie sie es immer nannte, „ein Pulver zu nehmen". Dazu brauchte sie natürlich Licht in der Küche. Der um Oma besorgte Opa kam dazu und sah unten auf der Straße einen ehemaligen Jugendfreund meiner Großmutter laufen. Er machte mit seinem Dackel die Abend-Gassi-Runde. Opa schäumte vor Wut. Er behauptete, Oma mache für diesen alten Herrn „Nachthemdenparade", und steigerte sich immer mehr in seine Fantasien. Alles endete damit, dass er auf den Boden ging und ankündigte, er werde sich jetzt aufhängen. Inzwischen wirkte Omas „Pulver" (Tablette). Sie fühlte sich etwas besser und zudem völlig zu Unrecht verdächtigt. Sie blieb ganz ruhig, lief zur Bodentür und rief nach oben: „Martin, du hast den Strick vergessen!"

Das Unvorstellbare geschah. Die Bodentreppe knarrte, die Tür ging auf, Opa war wieder da. Mit Tränen in den Augen entschuldigte er sich für seinen Auftritt, und Oma verzieh ihm. Sie hatte keinen Augenblick geglaubt, dass er seine Drohung wahr mache. So erzählte sie mir jedenfalls später. Auf jeden Fall kannte sie ihren Mann gut genug, um zu wissen, wie er reagieren würde. Später haben wir oft gemeinsam über den vergessenen Strick gelacht. Damals war mir allerdings ganz und gar nicht danach zumute.

Strenge Sitten

Da fällt mir in diesem Zusammenhang ein anderer Zwischenfall mit Opa ein. Es hatte sich seit Langem eingebürgert, dass Dieter nach dem Tanzen oben bei den Großeltern auf dem Sofa schlief, um nicht jedes Mal die 5 km nach Hause laufen zu müssen.

Während sich Dieter bis auf Turnhemd und Turnhose auszog, stand ich am offenen Fenster und hörte, dass gegenüber im Freibad heimlich reger Nachtbetrieb stattfand. Plötzlich stand Opa im Nachthemd vor der Tür. Er hatte mich sprechen gehört und war fassungslos. „Du bleibst doch nicht etwas im gleichen Zimmer, wenn der Mann sich auszieht!", waren seine Worte. Er war eben in einer anderen Zeit aufgewachsen und hatte kein Verständnis für so viele Freiheiten.

Aber auch Dieters Großeltern waren in dieser Zeit groß geworden und sahen vieles ähnlich wie er, wenn nicht noch viel strenger. Auch sie wollten mich verständlicherweise kennenlernen und luden uns zu sich ins Triebischtal ein. Die Schwester von Dieters Großvater war auch dort. Am Abend wurde ich zwischen Dieters Omi und Tante Lotte in die Mitte des Ehebettes verfrachtet, das Küchensofa schob der Großvater vor die Tür und schlief selbst darauf. Er wollte ganz sicher sein, dass unter seinem Dach alles seine Richtigkeit hatte. Dieter wurde ins Gästezimmer auf dem Boden einquartiert. Auch wenn man diese Ära als Hippie- und Flowerpower-Zeit bezeichnet, war bei uns davon außer kürzerer Röcke und der Musik nichts zu spüren. Vielleicht war es ja in den großen Städten anders?

Prüfung mit Bruder und Zöpfen

Wie gesagt, arbeitete ich emsig an der Abschlussarbeit und bereite mich auf die bevorstehende Psychologie-Prüfung vor. Mutti war wegen ihres Asthmas zur Kur, und ich nahm unseren kleinen Bruder deshalb mit nach Großenhain. Er blieb bei mir im Wohnheim (mit Genehmigung der Institutsleitung), und auch in die Mensa und zu den Konsultationen begleitete er mich. Der Prüfungstag kam, und mir blieb nichts anderes übrig, als den Kleinen mitzunehmen. Ich schärfte ihm ein, sich ja nicht vom Stuhl auf dem Gang zu entfernen. Gleich wäre ich wieder da. Bei seinem Temperament und seiner Entdeckerfreude lag es durchaus im Rahmen des Möglichen, dass er die unbeobachtete Zeit nutzte und auf Erkundungstour ging.

Das Ganze hatte aber jemand von der Prüfungskommission beobachtet, und es gab ein Einsehen. Peter durfte mit hinein und an der Tafel malen; ich wurde geprüft. Mein Thema „Frühkindliche Hirnschädigungen" hatte ich wählen dürfen. Es interessierte mich sehr. Ich war beruhigt, Peter sicher zu wissen, und legte los. Alles klappte wie am Schnürchen. Damals ahnte ich nicht, dass ich einmal nach meiner Zeit an der POS fast 30 Jahre an einer Förderschule arbeiten würde. Sonderbare Wege geht das Leben manchmal.

Die Prüfungszeit war um, ich erhielt mein Ergebnis „sehr gut", und dann wurde ich aufgefordert, doch bitte, bevor ich die Nächste hereinschickte, die Zöpfe zu lösen.

Ich hatte während des Prüfungsvortrages an einem kleinen runden Tisch gesessen. Dieser war mit einer Kunststrickdecke bedeckt, diese hatte lange Fransen an ihrem Rand. Ohne es zu merken, flocht ich aus den Fransen lauter Zöpfe. Die Aufregung war daran schuld. Wenn ich gekonnt hätte, wäre ich unsichtbar geworden, so peinlich waren mir diese Zöpfe.

Aber Peter rettete die Situation. Sein Bild an der Tafel war vollendet, und er wollte es uns zeigen. Er hatte ein schönes Schiff gemalt. Stolz erklärte der Kleine der Prüfungskommission, auf dem Schiff sei sein Bruder, und wenn er groß wäre, würde er auch Matrose.

Das hat er später auch wirklich wahr gemacht.

Nun war die letzte Hürde genommen. Das Studium war vorbei. Ich war Lehrerin.

Stolz und glücklich lud *ich* am Wochenende Dieter ein. Bisher hatte immer er bezahlt, wenn wir ausgingen. Unser Stipendium war nicht sehr üppig. Anfangs bekamen wir 35 Mark. Später gab es eine Erhöhung auf 70 Mark. Für Wohnheim und Mensa mussten wir allerdings nichts bezahlen, und so konnte man ganz gut auskommen, wenn man sparsam war. Sogar meine erste bunte Bettwäsche schaffte ich mir vom abgezweigten

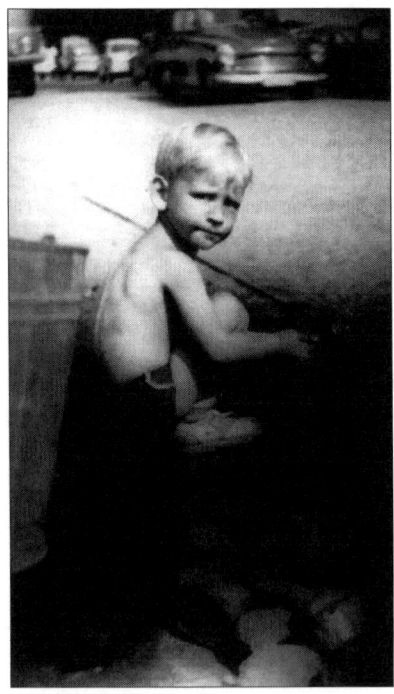

Peter „hilft" zu Hause
beim Kohlen-Reinschaffen.

156

Stipendium an. Sparen hatte ich ja bereits zwei Jahre vor dem Studium geübt.

An diesem Abend bekam Dieter von irgendeinem Bekannten eine Menthol-Zigarette. Er rauchte sonst nie, nahm diese aber an, und ihm wurde speiübel. Er wollte nur noch raus an die frische Luft. Das wurde auch allerhöchste Zeit. Er schaffte es gerade so bis vor die Tür. Dort lehnte er sich gegen einen Aufsteller und übergab sich. Bald sollten Wahlen sein, und auf dem Plakat war Walter Ulbricht zu sehen. Sein Konterfei bekam die ganze Ladung voll ins Gesicht. Wir befürchteten beide, jemand hätte alles gesehen und könnte uns die Sache als vorsätzliche Aktion anlasten. Also suchten wir so schnell wie möglich das Weite. Noch Wochen später befürchteten wir Folgen wegen der Kotzaktion in Ulbrichts Gesicht.

So endete der Tag, an dem wir meinen Lehrerabschluss feiern wollten.

Meine erste Auslandsreise und der Start ins Arbeitsleben

Nun musste ich nur noch zur Zeugnisübergabe nach Großenhain, und auch meine erste Auslandsreise erwartete mich.

Unsere Klasse hatte wegen guter und sehr guter Studienergebnisse eine Auszeichnung erhalten. Uns wurde der Titel „sozialistisches Studentenkollektiv" verliehen, und wir bekamen 1.000 Mark für unsere Klasse.

Davon fuhren wir mit unserem Stilistik-Lehrer ins polnische Riesengebirge. Er stammte aus dieser Gegend und zeigte uns wundervolle Ecken dieses Gebirges.

Wir wohnten in einer Jugendherberge in Szklarska Poreba. Von dort aus brachen wir täglich zu unseren Wanderungen auf. So besichtigten wir die Kirche Wang, eine alte skandinavische Stabkirche. Sie wurde erbaut, ohne eine einzige Schraube oder einen Nagel zu verwenden.

Titelverleihung, im einfarbig-hellen Rock.

Am Zackelfall mit Gabi und Gisela 1971.

Wir sahen die Schneegruben, wanderten zur Schneekoppe, fuhren mit dem Sessellift zum „Reifträger", kehrten in der „Alten schlesischen Baude" ein, besuchten den Zackelfall und kauften natürlich auch Andenken ein. Es war eine wunderschöne Woche, die leider viel zu schnell verging.

In früheren Studienjahren hatten wir das Berliner Ensemble besucht und auch in Leipzig das Völkerschlachtdenkmal mit dem sitzenden Barbarossa besichtigt. So schön wie im Riesengebirge fand ich es jedoch nirgends.

Jetzt begann der Ernst des Lebens. Ohne mein Zutun bekam ich meinen ersten Arbeitsvertrag für die Polytechnische Oberschule in Schmölln und übernahm dort eine 3. Klasse. Mein zukünftiger Schwiegervater wurde mein Kollege.

Die ersten zwei Absolventenjahre durfte man damals nicht die Schule wechseln.

Später erhielten wir dann durch den Betrieb meines Mannes unsere erste Wohnung in Pirna. Dort sind wir dann auch geblieben, und ich arbeitete dort. Unser Herz hängt aber nach wie vor sehr an unserer Heimat, der Oberlausitz.

Inzwischen sind wir fast 40 Jahre verheiratet, und zu unserer Familie gehören vier Kinder und drei Enkelkinder, die uns sehr glücklich machen.

Auch in unserer Ehe gab es Höhen und ernste Tiefen, die wir gemeinsam meisterten. Viel Kraft spendete mir stets mein Beruf.

Ich war immer mit Leib und Seele Lehrerin. Die mir anvertrauten Kinder wurden jedes Mal irgendwie auch „meine" Kinder. Ich habe jederzeit versucht, das für jedes Kind Beste zu erreichen. Sicher ist mir das nicht immer gelungen. Ich war und bin auch heute noch der Meinung: Ein Lehrer ist nie nur für die Wissensvermittlung zuständig. Er sollte immer auch Erzieher und Freund seiner Schüler sein.

Ich hatte mir als heimliche Richtschnur vorgenommen: Sollte ich jemals merken, dass ich nur noch des Geldes wegen lustlos in die Schule ging, dann wollte ich sofort den Beruf wechseln. Dann wäre ich fehl am Platze.

Zum Glück brauchte ich das nicht. Mein Beruf war und blieb mein Traumberuf, auch dank vieler wunderbarer Kollegen, mit denen ich immer gern zusammenarbeitete.

Sie waren es auch, die mich ermutigten, weiterzumachen, als ich begann, meine Erinnerungen für meine Kinder und Enkel zu Papier zu bringen. Sie nahmen die Mühe auf sich, meine handschriftlichen Aufzeichnungen sauber am Computer zu schreiben und Fotos zuzuordnen. Ohne meine Kollegen hätte ich sicher eher aufgehört zu schreiben. Deshalb danke ich ihnen, ganz besonders Peter Asmus, Iris Stenzel und Anne Gerling für die viele Mühe und die für mich geopferte Freizeit sehr.

Bildquellennachweis:
S. 8 © Umgebindehaus: Privatfoto Herr Wünsche, Seifhennersdorf, S. 11, 29, 53 © „Foto-Jäger", Bischofswerda (seit Jahrzehnten verstorben), S. 54 © Archiv – Schule Seifhennersdorf, S. 66, 67, 68 © Archiv „Querxenland" Seifhennersdorf, S. 32, 82 © Burgsberg und Viadukt Rumburger Straße Fotoarchiv der Stadt Seifhennersdorf, S. 3, 9, 12, 13, 18, 20, 22, 33, 36, 42, 46, 48, 51, 55, 70, 83, 87, 96, 101, 103, 108, 111, 112, 115, 122, 129, 134, 138, 143, 145, 149, 156, 158, 159 © Martina Rodig

EIN HERZ FÜR AUTOREN A HEART FOR AUTHORS À L'ÉCOUTE DES AUTEURS MIA ΚΑΡΔΙΑ ΓΙΑ ΣΥΓΓΡ
EIN HERZ FÖR FÖRFATTARE UN CORAZÓN POR LOS AUTORES YAZARLARIMIZA GÖNÜL VERELIM SZÍ
DÁME PER AUTORI ET HJERTE FOR FORFATTERE EEN HART VOOR SCHRIJVERS TEMOS OS AUTO
ÖINKÉRT SERCE DLA AUTORÓW EIN HERZ FÜR AUTOREN A HEART FOR AUTHORS À L'ÉCOU
AÇÃO BCEЙ ДУШОЙ К АВТОРАМ ETT HJÄRTA FÖR FÖRFATTARE À LA ESCUCHA DE LOS AUTOF
EIN HERZ ΜΙΑ ΚΑΡΔΙΑ ΓΙΑ ΣΥΓΓΡΑΦΕΙΣ UN CUORE PER AUTORI ET HJERTE FOR FORFATTERE EEN H
AZLARIMIZA ÖINKÉRT SERCE DLA AUTORÓW EIN HERZ FÜR
SCHRIJ BCEЙ ДУШОЙ К АВТОРАМ ETT HJÄRTA FÖF

Die Autorin

Martina Rodig wurde 1950 in Bischofswerda geboren. Die prägenden Kinderjahre verlebte sie in Seifhennersdorf/Oberlausitz in umittelbarer Grenznähe zur damaligen CSSR. Sie studierte in Großenhain/Sachsen und arbeitet seit 1971 als Lehrerin, zunächst an einer Polytechnischen Oberschule, danach (seit) 30 Jahre(n) an einer Schule zur Lernförderung. „Rote Haare – Sommersprossen" ist das Erstlingswerk der vierfachen Mutter, dreifachen Großmutter und mehrfachen Tierbesitzerin.

novum ✦ VERLAG FÜR NEUAUTOREN

Der Verlag

„Semper Reformandum", der unaufhörliche Zwang
sich zu erneuern begleitet die novum publishing gmbh
seit Gründung im Jahr 1997. Der Name steht für etwas
Einzigartiges, bisher noch nie da Gewesenes.
Im abwechslungsreichen Verlagsprogramm finden sich
Bücher, die alle Mitarbeiter des Verlages sowie den
Verleger persönlich begeistern, ein breites Spektrum
der aktuellen Literaturszene abbilden und in den
Ländern Deutschland, Österreich und der Schweiz
publiziert werden.
Dabei konzentriert sich der mehrfach prämierte Verlag
speziell auf die Gruppe der Erstautoren und gilt als Ent-
decker und Förderer literarischer Neulinge.

**Neue Manuskripte sind jederzeit herzlich
willkommen!**

novum publishing gmbh
Rathausgasse 73 · A-7311 Neckenmarkt
Tel: +43 2610 431 11 · Fax: +43 2610 431 11 28
Internet: office@novumpro.com · www.novumpro.com

AUSTRIA · GERMANY · HUNGARY · SPAIN · SWITZERLAND